U0572317

文物藏品定級標準圖例

啓功題籤

《文物藏品定级标准图例》卷次

玉器卷
铜器卷
陶瓷器卷
书法卷
绘画卷
造像卷
拓本卷
善本图书卷
钱币卷
漆器卷
家具卷
石刻砖瓦卷
印章卷
鼻烟壶卷
竹木牙角卷
文房用具卷
铜镜卷
兵器卷
乐器卷
印染织绣卷
金银铅锡铁器卷
度量衡钟表仪器卷
玻璃珐琅器卷
甲骨简牍文书档案卷
邮票邮品卷

文物藏品定级標準图例

wenwu cangpin dingjibiaozhun tuli

启功题签

家具卷

国家文物局国家文物鉴定委员会

文物出版社

本卷编者：

胡德生　郑珉中

责任编辑：

于炳文　冯冬梅

封面设计：

周小玮

责任印制：

陈　杰

图书在版编目（CIP）数据

文物藏品定级标准图例·家具卷/国家文物局国家文物鉴定委员会编．—北京：文物出版社，2009.3

ISBN 978-7-5010-2503-9

Ⅰ.文…　Ⅱ.国…　Ⅲ.①历史文物-鉴定-中国-图集②家具-鉴定-中国-图集　Ⅳ.K854.2-64

中国版本图书馆CIP数据核字（2008）第163926号

文物藏品定级标准图例·家具卷

国家文物局国家文物鉴定委员会 编

文物出版社出版发行

（北京市东城区东直门内北小街2号）

http://www.wenwu.com

E-mail:web@wenwu.com

2009年3月第1版　2009年3月第1次印刷

北京文博利奥印刷有限公司制版

文物出版社印刷厂印刷

889×1194　1/16　印张20.75

新华书店经销

ISBN 978-7-5010-2503-9

定价：398.00元

目　　录

中华人民共和国文化部令

第 19 号

《文物藏品定级标准》已经 2001 年 4 月 5 日文化部部务会议通过，现予发布施行。

部长 孙家正

2001年4月9日

文物藏品定级标准

根据《中华人民共和国文物保护法》和《中华人民共和国文物保护法实施细则》的有关规定，特制定本标准。

文物藏品分为珍贵文物和一般文物。珍贵文物分为一、二、三级。具有特别重要历史、艺术、科学价值的代表性文物为一级文物；具有重要历史、艺术、科学价值的为二级文物；具有比较重要历史、艺术、科学价值的为三级文物。具有一定历史、艺术、科学价值的为一般文物。

一　一级文物定级标准

（一）反映中国各个历史时期的生产关系及其经济制度、政治制度，以及有关社会历史发展的特别重要的代表性文物；

（二）反映历代生产力的发展、生产技术的进步和科学发明创造的特别重要的代表性文物；

（三）反映各民族社会历史发展和促进民族团结、维护祖国统一的特别重要的代表性文物；

（四）反映历代劳动人民反抗剥削、压迫和著名起义领袖的特别重要的代表性文物；

（五）反映历代中外关系和在政治、经济、军事、科技、教育、文化、艺术、宗教、卫生、体育等方面相互交流的特别重要的代表性文物；

（六）反映中华民族抗御外侮，反抗侵略的历史事件和重要历史人物的特别重要的代表性文物；

（七）反映历代著名的思想家、政治家、军事家、科学家、发明家、教育家、文学家、艺术家等特别重要的代表性文物，著名工匠的特别重要的代表性作品；

（八）反映各民族生活习俗、文化艺术、工艺美术、宗教信仰的具有特别重要价值的代表性文物；

（九）中国古旧图书中具有特别重要价值的代表性的善本；

（十）反映有关国际共产主义运动中的重大事件和杰出领袖人物的革命实践活动，以及为中国革命做出重大贡献的国际主义战士的特别重要的代表性文物；

（十一）与中国近代（1840—1949）历史上的重大事件、重要人物、著名烈士、著名英雄模范有关的特别重要的代表性文物；

（十二）与中华人民共和国成立以来的重大历史事件、重大建设成就、重要领袖人物、著名烈士、著名英雄模范有关的特别重要的代表性文物；

（十三）与中国共产党和近代其他各党派、团体的重大事件、重要人物、爱国侨胞及其他社会知名人士有关的特别重要的代表性文物；

（十四）其他具有特别重要历史、艺术、科学价值的代表性文物。

二　二级文物定级标准

（一）反映中国各个历史时期的生产力和生产关系及其经济制度、政治制度，以及有关社会历史发展的具有重要价值的文物；

（二）反映一个地区、一个民族或某一个时代的具有重要价值的文物；

（三）反映某一历史人物、历史事件或对研究某一历史问题有重要价值的文物；

（四）反映某种考古学文化类型和文化特征，能说明某一历史问题的成组文物；

（五）历史、艺术、科学价值一般，但材质贵重的文物；

（六）反映各地区、各民族的重要民俗文物；

（七）历代著名艺术家或著名工匠的重要作品；

（八）古旧图书中具有重要价值的善本；

（九）反映中国近代（1840—1949）历史上的重大事件、重要人物、著名烈士、著名英雄模范的具有重要价值的文物；

（十）反映中华人民共和国成立以来的重大历史事件、重大建设成就、重要领袖人物、著名烈士、著名英雄模范的具有重要价值的文物；

（十一）反映中国共产党和近代其他各党派、团体的重大事件，重要人物、爱国侨胞及其他社会知名人士的具有重要价值的文物；

（十二）其他具有重要历史、艺术、科学价值的文物。

三　三级文物定级标准

（一）反映中国各个历史时期的生产力和生产关系及其经济制度、政治制度，以及有关社会历史发展的比较重要的文物；

（二）反映一个地区、一个民族或某一时代的具有比较重要价值的文物；

（三）反映某一历史事件或人物，对研究某一历史问题有比较重要价值的文物；

（四）反映某种考古学文化类型和文化特征的具有比较重要价值的文物；

（五）具有比较重要价值的民族、民俗文物；

（六）某一历史时期艺术水平和工艺水平较高，但有损伤的作品；

（七）古旧图书中具有比较重要价值的善本；

（八）反映中国近代（1840—1949）历史上的重大事件、重要人物、著名烈士、著名英雄模范的具有比较重要价值的文物；

（九）反映中华人民共和国成立以来的重大历史事件、重大建设成就、重要领袖人物、著名烈士、著名英雄模范的具有比较重要价值的文物；

（十）反映中国共产党和近代其他各党派、团体的重大事件，重要人物、爱国侨胞及其他社会知名人士的具有比较重要价值的文物；

（十一）其他具有比较重要的历史、艺术、科学价值的文物。

四　一般文物定级标准

（一）反映中国各个历史时期的生产力和生产关系及其经济制度、政治制度，以及有关社会历史发展的具有一定价值的文物；

（二）具有一定价值的民族、民俗文物；

（三）反映某一历史事件、历史人物，具有一定价值的文物；

（四）具有一定价值的古旧图书、资料等；
（五）具有一定价值的历代生产、生活用具等；
（六）具有一定价值的历代艺术品、工艺品等；
（七）其他具有一定历史、艺术、科学价值的文物。

五　博物馆、文物单位等有关文物收藏机构，均可用本标准对其文物藏品鉴选和定级。社会上其他散存的文物，需要定级时，可照此执行。

六　本标准由国家文物局负责解释。

附：一级文物定级标准举例

一级文物定级标准举例

一、玉、石器　时代确切，质地优良，在艺术上和工艺上有特色和有特别重要价值的；有确切出土地点，有刻文、铭记、款识或其他重要特征，可作为断代标准的；有明显地方特点，能代表考古学一种文化类型、一个地区或作坊杰出成就的；能反映某一时代风格和艺术水平的有关民族关系和中外关系的代表作。

二、陶器　代表考古学某一文化类型，其造型和纹饰具有特别重要价值的；有确切出土地点可作为断代标准的；三彩作品中造型优美、色彩艳丽、具有特别重要价值的；紫砂器中，器形完美，出于古代与近代名家之手的代表性作品。

三、瓷器　时代确切，在艺术上或工艺上有特别重要价值的；有纪年或确切出土地点可作为断代标准的；造型、纹饰、釉色等能反映时代风格和浓郁民族色彩的；有文献记载的名瓷、历代官窑及民窑的代表作。

四、铜器　造型、纹饰精美，能代表某个时期工艺铸造技术水平的；有确切出土地点可作为断代标准的；铭文反映重大历史事件、重要历史人物的

或书法艺术水平高的；在工艺发展史上具有特别重要价值的。

五、铁器 在中国冶铸、锻造史上，占有特别重要地位的钢铁制品；有明确出土地点和特别重要价值的铁质文物；有铭文或错金银、镶嵌等精湛工艺的古代器具；历代名人所用，或与重大历史事件有直接联系的铁制历史遗物。

六、金银器 工艺水平高超，造型或纹饰十分精美，具有特别重要价值的；年代、地点确切或有名款，可作断代标准的金银制品。

七、漆器 代表某一历史时期典型工艺品种和特点的；造型、纹饰、雕工工艺水平高超的；著名工匠的代表作。

八、雕塑 造型优美、时代确切，或有题记款识，具有鲜明时代特点和艺术风格的金属、玉、石、木、泥和陶瓷、髹漆、牙骨等各种质地的、具有特别重要价值的雕塑作品。

九、石刻砖瓦 时代较早，有代表性的石刻；刻有年款或物主铭记可作为断代标准的造像碑；能直接反映社会生产、生活，神态生动、造型优美的石雕；技法精巧、内容丰富的画像石；有重大史料价值或艺术价值的碑碣墓志；文字或纹饰精美，历史、艺术价值特别重要的砖瓦。

十、书法绘画 元代以前比较完整的书画；唐以前首尾齐全有年款的写本；宋以前经卷中有作者或纪年且书法水平较高的；宋、元时代有名款或虽无名款而艺术水平较高的；具有特别重要价值的历代名人手迹；明清以来特别重要艺术流派或著名书画家的精品。

十一、古砚 时代确切，质地良好，遗存稀少的；造型与纹饰具有鲜明时代特征，工艺水平很高的端、歙等四大名砚；有确切出土地点，或流传有绪，制作精美，保存完好，可作断代标准的；历代重要历史人物使用过的或题铭价值很高的；历代著名工匠的代表作。

十二、甲骨 所记内容具有特别重要的史料价值，龟甲、兽骨比较完整的；所刻文字精美或具有特点，能起断代作用的。

十三、玺印符牌 具有特别重要价值的官私玺、印、封泥和符牌；明、清篆刻中主要流派或主要代表人物的代表作。

十四、钱币 在中国钱币发展史上占有特别重要地位、具有特别重要价值的历代钱币、钱范和钞版。

十五、牙骨角器 时代确切，在雕刻艺术史上具有特别重要价值的；反映民族工艺特点和工艺发展史的；各个时期著名工匠或艺术家代表作，以及历史久远的象牙制品。

十六、竹木雕 时代确切，具有特别重要价值，在竹木雕工艺史上有独特风格，可作为断代标准的；制作精巧、工艺水平极高的；著名工匠或艺术家的代表作。

十七、家具 元代以前（含元代）的木质家具及精巧明器；明清家具中以黄花黎、紫檀、鸡翅木、铁梨、乌木等珍贵木材制作、造型优美、保存完好、工艺精良的；明清时期制作精良的髹饰家具，明清及近现代名人使用的或具有重大历史价值的家具。

十八、珐琅 时代确切，具有鲜明特点，造型、纹饰、釉色、工艺水平很高的珐琅制品。

十九、织绣 时代、产地准确的；能代表一个历史时期工艺水平的具有特别重要价值的不同织绣品种的典型实物；色彩艳丽，纹饰精美，具有典型时代特征的；著名织绣工艺家的代表作。

二十、古籍善本 元以前的碑帖、写本、印本；明清两代著名学者、藏书家撰写或整理校订的、在某一学科领域有重要价值的稿本、抄本；在图书内容、版刻水平、纸张、印刷、装帧等方面有特色的明清印本（包括刻本、活字本、有精美版画的印本、彩色套印本）、抄本；有明、清时期著名学者、藏书家批校题跋、且批校题跋内容具有重要学术资料价值的印本、抄本。

二十一、碑帖拓本 元代以前的碑帖拓本；明代整张拓片和罕见的拓本；初拓精本；原物重要且已佚失，拓本流传极少的清代或近代拓本；明清时期精拓套帖；清代及清代以前有历代名家重要题跋的拓本。

二十二、武器 在武器发展史上，能代表一个历史阶段军械水平的；在重要战役或重要事件中使用的；历代著名人物使用的、具有特别重要价值的武器。

二十三、邮品 反映清代、民国、解放区邮政历史的、存量稀少的；中华人民共和国建国以来具有特别重要价值的邮票和邮品。

二十四、文件、宣传品 反映重大历史事件，内容重要，具有特别重要意义的正式文件或文件原稿；传单、标语、宣传画、号外、捷报；证章、奖

章、纪念章等。

二十五、档案文书 从某一侧面反映社会生产关系、经济制度、政治制度和土地、人口、疆域变迁以及重大历史事件、重要历史人物事迹的历代诏谕、文告、题本、奏折、诰命、舆图、人丁黄册、田亩钱粮簿册、红白契约、文据、书札等官方档案和民间文书中，具有特别重要价值的。

二十六、名人遗物 已故中国共产党著名领袖人物、各民主党派著名领导人、著名爱国侨领、著名社会活动家的具有特别重要价值的手稿、信札、题词、题字等以及具有特别重要意义的用品。

注：二、三级文物定级标准举例可依据一级文物定级标准举例类推

《文物藏品定级标准图例》前言

依据《中华人民共和国文物保护法》，1987 年中华人民共和国文化部颁布《文物藏品定级标准》，经过多年的实践检验，证明该项标准是基本可行的，但要补充与进一步完善。

国家文物鉴定委员会在多年的文物鉴定工作中积累了丰富的经验。1997 年 3 月，受国家文物局的委托，开始对《文物藏品定级标准》进行修改，国家文物鉴定委员会多次组织专家，历经三年，终于在二十世纪末提出修改方案。经国家文物局反复审核，报经文化部批准，于 2001 年 4 月颁布实施。为了提高文物管理水平，改善、提高对文物鉴定工作的监督作用，早在1997 年 3 月，国家文物局就授权国家文物鉴定委员会编辑出版《文物藏品定级标准图例》。

此次颁布实施的修订后的《文物藏品定级标准》规定：珍贵文物中，具有特别重要历史、艺术、科学价值的为一级文物；具有重要历史、艺术、科学价值的为二级文物；具有比较重要历史、艺术、科学价值的为三级文物；一般文物为具有一定历史、艺术、科学价值的文物。2002 年修订后的《中华人民共和国文物保护法》第三条规定，可移动文物分为珍贵文物和一般文物；珍贵文物分为一级文物、二级文物、三级文物。文物级别的区分，从法律上予以了确认。

国家颁布的文物保护法第四章规定：“博物馆、图书馆和其他文物收藏单位对收藏的文物，必须区分文物等级，设置藏品档案，建立严格的管理制度。”

第七章规定“有下列行为之一，构成犯罪的，依法追究刑事责任：

（一）盗掘古文化遗址、古墓葬的；

（二）故意或者过失损毁国家保护的珍贵文物的；

（三）擅自将国有馆藏文物出售或者私自送给非国有单位或者个人的；

（四）将国家禁止出境的珍贵文物私自出售或者送给外国人的；

（五）以牟利为目的倒卖国家禁止经营的文物的；

（六）走私文物的；

（七）盗窃、哄抢、私分或者非法侵占国家文物的；”

执行以上各条款，首先要区分文物等级，因此，文物定级既是文物管理工作的前提和基础，又是打击文物犯罪的犀利武器。实施一切保护文物的法律法规，它的技术前提首先是文物定级。

文物是人类历史文化的遗存物，从不同的领域或侧面反映出历史上人们认识世界、改造世界的状况，是研究、认识人类社会历史的可靠凭证。文物是历史长河中同类物品的幸存者，只有文物能够突破时间和空间的限制，给历史以可以触摸的质感，并成为历史知识与历史形象的载体。文物所具有的认识作用、教育作用和公证作用，构成了文物特性的表现形式。由于文物具有这种特性，所以每件文物都是多种历史信息的综合载体。它所承载的信息量及珍贵程度因物而异，因此文物才可以定级别，才有确定级别的依据。

多年实践经验告诉我们，在运用文物藏品定级标准时，要考虑该类文物藏品的存量、分布、现状、功能、制作及工艺水平，质地和流传经过等诸多因素，进行综合评定。

文物的级别是一个区间。同一个区间，也就是同一个级别的相类文物可有一定差异，换言之，可有其上线及下线。两个相邻级别之间，有着一定的模糊度，有些差异难于量化表现。在文物鉴定工作中，准确的定级是鉴定工作的至高点，也是鉴定工作的归宿。

为了更好地贯彻执行修改后的《文物藏品定级标准》，国家文物鉴定委员会按照国家文物保护法的要求，依据修订后的《文物藏品定级标准》，编纂了《文物藏品定级标准图例》。这套图书具有学术性、实用性和权威性。全书25卷，含37类文物。为编纂此书，国家文物鉴定委员会聘请了几十位专家，他们将多年的经验积累，注入了本书的编写工作之中。每册书稿都经过集体讨论和审定，通过图例形式对《文物藏品定级标准》进行较为准确的形象解释。这将有利于推进国家颁布的《文物藏品定级标准》的实施，使文物藏品的分级管理得到进一步完善，对社会流散文物的管理则会得到进一步加强。由于提高了文物定级工作的透明度，将有利于公正执法。

我国历史悠久，幅员辽阔。各地文物藏品的数量、品种、质量极不平衡；各地的文物鉴定工作者在人数、业务水平，以及各自的阅历、素质上，也存在着一定的差异。在去伪存真的前提下，在执行、运用文物藏品定级标准过程中，往往会出现差距，有时甚至出现很大差距。久而久之，在事实上则出现了地方标准和单位标准，这对文物的管理和保护工作十分不利。此套图书的出版发行，将有利于克服这一现象。

在编辑出版此书的过程中，得到了有关博物馆（院）、文物研究与收藏单位的大力支持，得到了很多文博专家、学者的帮助。在这里特别要向鼎力支持过本书的已故的启功、刘巨成、朱家溍先生表示深切地怀念。

随着我国文物事业的发展，文物藏品定级工作还会出现新情况、新问题，希望各位专家和读者在阅读使用此书的过程中，提出宝贵意见，以使其日臻完善，这是我们所期盼的。

刘东瑞

2005 年 8 月

《文物藏品定级标准图例》凡例

一　《文物藏品定级标准图例》（简称《图例》）是一套图例系列丛书，按类别分卷。或按质地，如《玉器》、《铜器》；或按功能、用途，如《鼻烟壶》、《印章》；或按艺术品种，如《绘画》、《书法》等。

二　每卷前面所载《文物藏品定级标准》作为本卷《图例》选录的依据。

三　《图例》收录范围，各类根据实际情况确定。如《玉器》选录自新石器时代至1949年以前，《鼻烟壶》选录自清代至1949年以前。

四　每卷内容分为珍贵文物与一般文物两部分。珍贵文物又分为一、二、三级，每个级别所选器物尽量照顾时代与品种。一件文物的图片如其表现完好，文字未注明有损伤，则此物完好。

五　同一类别中相同或相似的文物有明确出土地点的（如墓葬、遗址、地层、水域等），有重要流传经过的，蕴含重要情节的，或与重要历史事件、历史人物相关的，则可适当提高其品位。能否影响文物级别，视具体情况而定。

六　每件文物图片之下均有言简意赅的文字说明。年代一般只注朝代或考古时期。历史纪年用旧纪年来注公元纪年。公元1000年以前的加“公元”二字，如南朝（公元420～589年）；公元1000年以后的不加，如明永乐（1403～1424年）、清乾隆二年（1737年）；公元前的加“公元前”三字，如西汉建元二年至元光元年（公元前140～前134年）；不便用旧纪年的，用公元纪年或世纪表示。

七　数据均按中华人民共和国法定计量单位书写。

家具卷序

给文物定级并不是一件容易的事，首先要对某一类文物的起源、发展、成熟的过程有全面的了解，对每个历史时期的代表作品有全面的了解。对某一件具体文物作出评价之前，在思想意识中，要先对众多的同类器物作分析、检索，再针对某件器物作出客观、科学的评价，确定它在众多的同类器物中处在何等地位：是早期、中期，还是晚期，是高档、中档，还是低档。还要对各类器物的断代、源流、功能、真伪、存量、珍稀程度等有全面了解。再通过以文(献)证物，以物证史的方法，看它是否与历史上某些历史事件或历史人物有关，这件文物的级别就定出来了。给文物定级的过程，也是从宏观着眼、从微观评判的过程，不论对哪个门类的文物定级，都应该遵循这个道理。

古典家具这个门类，是改革开放以来发展起来的新学科，在社会上已成为继书画、陶瓷之后的第三大收藏品，成为国内外众多公私藏家追求的对象。原因是家具这类文物不仅是供人们使用的生活必需品，也不只是匠技艺术的记录和表现，在不同的历史时期内，家具的使用功能还体现着浓厚的民族思想观念、民族道德观念和民族的行为模式等。数千年来，家具始终与社会的政治、文化及人们的风俗、信仰、生活方式等方面保持着极其密切的联系。就其装饰题材而言，家具充分反映了中国传统文化思想和审美情趣，是中国传统精神文明与物质文明相结合的最丰富的物质载体。

本卷收录的家具主要是明清时期的家具，在明清众多家具中又提炼出“明式家具”和“清式家具”的概念来，也就是说并不等于所有的明代家具都是“明式家具”，也不等于所有的清代家具都是“清式家具”。明代家具和清代家具属于时间概念，而明式家具和清式家具则属于艺术概念。

明清两代家具又分为漆器家具和木制家具两大系列。在漆器家具中有一部

分在皇宫里制作并带有确切纪年款的物品，能够帮助我们判断同类器物的年代，具有重要的参考价值。而在众多的木制家具中带年款者极为少见，这就需要利用文献或档案去证实，或以有确切年款的物品去对比，确定出它的具体年代。木制家具又分硬木家具和柴木家具，硬木家具大多为皇家和上层贵族使用，又称“宫廷家具”；柴木家具大多为平民百姓使用，又称“民间家具”。宫廷家具的制作，是集中了全国各地优秀工匠，在不计成本、不计工时的情况下制作的，它来源于民间又高于民间，代表了明清家具的最高水平。

任何一件文物，大体都具备历史价值、艺术价值和科学价值。而每件文物所包含的信息量却不尽相同。根据中华人民共和国文化部2001年4月颁布的《文物藏品定级标准》的规定，文物藏品分为珍贵文物和一般文物两大类。珍贵文物分为壹级、贰级、叁级文物。凡具有特别重要的历史价值、艺术价值和科学价值的代表性文物为壹级文物；凡具有重要的历史价值、艺术价值和科学价值的代表性文物为贰级文物；凡具有比较重要的历史价值、艺术价值和科学价值的代表性文物为叁级文物；具有一定历史、艺术、科学价值的为一般文物。现以本书收录藏品举例说明。

一　壹级藏品定级举例

壹级藏品要求：1.材质名贵、优良；2.器形完整；3.有准确纪年；4.存世量少；5.艺术水平高，能代表当时最高工艺水平。

1. 黄花黎月洞门架子床　明（图版7）

该床以优质海南黄花黎木制成，只有两根后边柱为苏州一带特产的榉木制成，说明此床系明代苏式家具。器形完整，目前尚未见到第二件相同作品。其做工采用攒棂子的手法，系用小块木料做榫攒成四合如意纹棂子板。工艺复杂。纹饰尽管千篇一律，但由于做工精细，带给人的感觉却是繁而不乱、百看不厌。围子下侧、束腰所镶绦环板上内外均浮雕花纹，然每块花纹无一相同。牙条浮雕螭纹，图案线条流畅，纹饰栩栩如生，给人以灵动之感。艺术水平极高。代表了当时最高工艺水平，是当之无愧的壹级文物。

2. 雕红漆云龙床　清·雍正（图版9）

雕漆器物工序繁琐，一般都要髹漆几十道，然后再雕刻。明清两代的雕漆

以小件箱匣居多，床榻、屏风、桌椅等家具也占有相当数量。但由于漆制器物不易保存，很难流传至今。即使流传下来，也大多伤残严重，品相不好。此床形体宽大，在明清漆制家具中堪称大器。造型稳重，纹饰细腻，生动活泼，代表了当时的最高工艺水平。据清宫造办处档案记载，雍正七年（1730年），江宁织造隋赫德进贡单中共有十一件漆器。此宝座即是其中之一。从其工艺水平、罕见程度、有明确档案记载等多方面看，可作为研究清代雍正时期家具艺术的标准器。具特别重要的历史价值和艺术价值，故定为国家馆藏壹级文物。

3．黄花黎圈椅　明（图版38）

该椅系用名贵的黄花黎木制成。造型简练、舒展。侧角收分明显，给人以稳重、大方的感觉。椅圈弧线形，圆润柔和。后背作“S”形，是根据人体后背的自然曲线设计而成的。人坐在椅上，后背可与椅背充分接触。由于弧线形椅圈的设计，椅背板并非垂直，而是与座面形成100度至105度的背倾角。这种角度，按现代人体工程学研究，是人体休息时的最佳角度，具有极高的科学性。此器在1944年被德国学者艾克先生收入其本人主编的《中国花梨家具图考》之中。后来在王世襄的《明式家具珍赏》、《明式家具研究》书中均有著录。它在造型、结构、工艺等多方面都代表了明代家具的最高水平。尤其是各部比例、尺度，都与人体各部尺度密切结合，具有很高的科学性，故定为国家馆藏壹级文物。

4．黑漆嵌五彩螺钿书格　清·康熙（图版52）

书格一对，此为其中之一。木胎髹漆，通体以五彩薄螺钿和金银片贴嵌成各式锦纹及各种形式的山水风景图。薄螺钿是取极难剥取的极薄的小贝壳之内的表皮，其最大不过4～5毫米，然后用小镊子夹着磨制成形，托嵌成各式花纹。此格一器之上就有一百三十七组花纹，六十六种图案，其中八种山水人物，二十二种花鸟草虫，三十六种不同形式的锦纹，无不精细入微。在不到一寸见方的面积里，竟镶嵌着十几个单位的图案锦纹。且用色巧妙，从不同方向观看，会有不同的色彩变化。艺术水平无与伦比。尤其是在下二层屉板下的穿带上刻有“大清康熙癸丑年制”款（癸丑年即1673年）。现存仅有两件，极为罕见。具极高的艺术价值和历史价值，故定为国家馆藏壹级文物。

5．汤鹏款铁花四扇屏　四扇一堂　清·康熙（图版59）

汤鹏，字天池，康熙时人。铁画艺术创始人，然传世作品不多。据史料记载，乾隆时的梁应达及再后来的汤了尘，都是当时著名的铁画艺人，技艺都在汤鹏之上。现存传世作品大多无款，以致许多铁画作品都被认为是汤鹏所制。这件带有汤鹏印章款的四扇屏在故宫收藏的铁画门类中是绝无仅有的，具有极高的历史价值和艺术价值，故定为国家馆藏壹级文物。

二　贰级藏品定级举例

贰级藏品要求：1.材质优良；2.器形完整，无修配；3.有典型时代风格；4.艺术水平较高。

1．酸枝木嵌螺钿架子床　清晚期（图版90）

架床通体采用上等酸枝木制成，先以透雕加浮雕手法雕出各式梅花纹后，再把花朵及枝干等部位用硬螺钿镶嵌，形成雍容华贵、富丽堂皇的气派。梅花之间点缀大理石，纹似行云流水，相得益彰。在传统硬木家具与螺钿镶嵌相结合的器物中，此为少见的大器。具很高的艺术水平。器形完整无修配，是清代后期家具艺术的典型代表，故定为国家馆藏贰级文物。

2．黄漆海屋添筹图炕桌　清中期（图版104）

炕桌木胎髹漆，边缘起拦水线。桌牙及四腿以填彩漆及理沟戗金手法装饰各式花卉纹。此桌的突出特点是桌面用描彩漆手法描绘了一幅寓意祝颂长寿的寓言故事。内容出自宋代苏东坡《东坡志林》中的“三老语”。它不仅具有重要的历史价值和艺术价值，而且还有浓厚的民俗价值。由于此类炕桌在皇家宫殿、园林、行宫中较为常见，定为国家馆藏贰级文物。

3．黄花黎壶门牙子南官帽椅　明（图版125）

该椅系用名贵的黄花黎木制成，造型取南官帽式，椅背、搭脑、边柱、扶手、鹅脖及联帮棍均用圆材，且都有柔婉的线条。席心座面，四足侧角收分明显，正面及左右两侧安壶门式券口牙子。四腿间装步步高赶枨。此为最常见的明代式样，代表了明式椅子的风格和特点。具很高的历史价值和艺术价值。两件成对，无修配，且有一定的存世量，定为国家馆藏贰级文物。

4．黄花黎罗锅枨两屉天平架　明（图版181）

天平架通体黄花黎木制，立柱两侧螭纹站牙，底座正中平设抽屉两具，上侧双横梁作罗锅枨式。底侧横梁垂挂钩，吊天平。屉内存有铜质砝码一套。此器做工虽不算精，但明代天平流传至今，且称盘、砝码一应俱全，实属罕见，具有重要的历史价值和实用价值，定为国家馆藏贰级文物。

三　叁级藏品定级举例

叁级藏品要求：1.器形完整；2.年代不晚于1911年。

1．酸枝木八仙桌　清晚期（图版197）

酸枝木大体为清代后期流行的一种木材，此种木材在东南亚沿印度洋转到非洲西部的大西洋海岸沿线均有生产。由于其分布地域广，产量相对就高，所以这类木质的器物也较多。至了清代晚期，由于经济衰退，国运下降，各项民族手工艺也随之衰落。这时生产的家具与清代中期相比，无论从艺术性、科学性都有着明显的差别，只具备一定的实用性。但它毕竟代表了当时社会历史背景下特定的风格特点。仍具有较高的历史价值，故定为国家馆藏叁级文物。

2．紫漆描金椅　清早期（图版220）

此椅木胎髹漆，再以描金手法装饰卷草纹、蝙蝠纹及拐子纹。透雕及浮雕并用，装饰华丽。但由于时间过久，使用过繁，致使漆面及花纹磨损严重，并有多处划痕。它虽具有比较重要的历史价值，但使用价值已不是很高，故定为国家馆藏叁级文物。

3．酸枝木雕福寿纹扶手椅　清晚期（图版228）

该椅酸枝木制，椅背透雕蝙蝠、寿桃纹。无背倾角。扶手拐子纹，直腿足间装四面平管脚枨。此种椅形在清代末期及民国时期流行较广，存世作品也较多，代表了清末及民国时期的特定风格及特点。因其时代晚、存量多，又无科学性、艺术性可言，故定为国家馆藏叁级文物。

4．酸枝木嵌螺钿貌镜　清末至民国（图版244）

貌镜酸枝木制，边框及底座平嵌螺钿卷草纹及福、禄、寿三星图。屏心镶水银玻璃镜。此器造型简单，螺钿镶嵌水平亦较一般，存世量相对较多，是清末至民国时期广泛流行的常见样式。其风格代表了清代后期及民国时期的特点。具有比较重要的历史价值，故定为国家馆藏叁级文物。

四　一般藏品定级举例

一般藏品要求：做工不精，器形不整，存量较多，具有一定艺术性和科学性的属于一般文物。

1．核桃木长方桌　清晚期（图版246）

长方桌核桃木制，通体光素无纹饰。四面罗锅枨，但上拱很小，四腿下的马蹄生硬呆板，与常见明式家具相差甚远。木质不贵重，时代较晚，反映了清代后期艺水平低下的特点。具有一定的历史价值，定为国家馆藏一般文物。

2．花梨木长方桌　清晚期（图版248）

长方桌花梨木制，面下有束腰，牙条浮雕绳结纹及云纹。四腿展腿式，较高。下端外翻云纹式足，展腿马蹄系小木另粘。造型平美，工艺简单。做工纹饰属清代末期风格特点。具有一定的历史价值，定为国家馆藏一般文物。

3．榆木钱柜　民国（图版256）

小柜榆木制，上开盖，外涂一层红漆，通体光素无纹饰。属晋商店铺储钱之用。制作简单，具实用性。有一定的民俗价值和历史价值，定为国家馆藏一般文物。

壹级文物

贰级文物

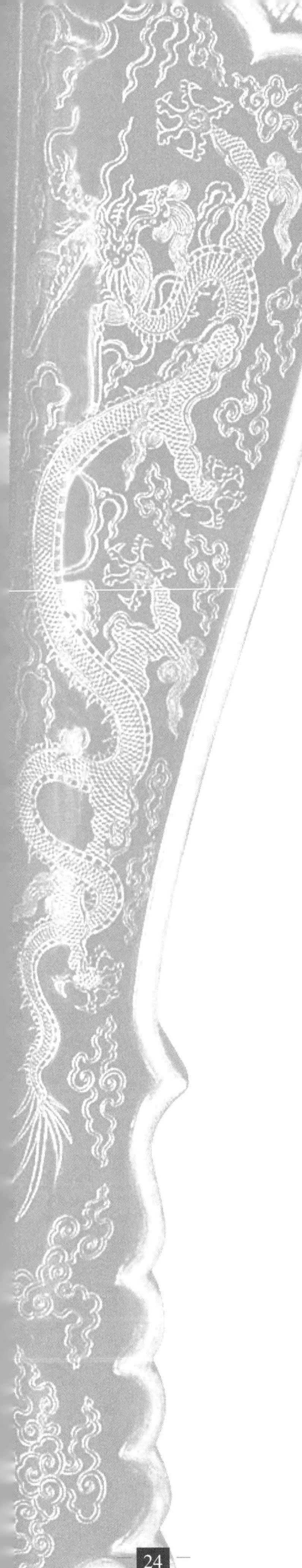

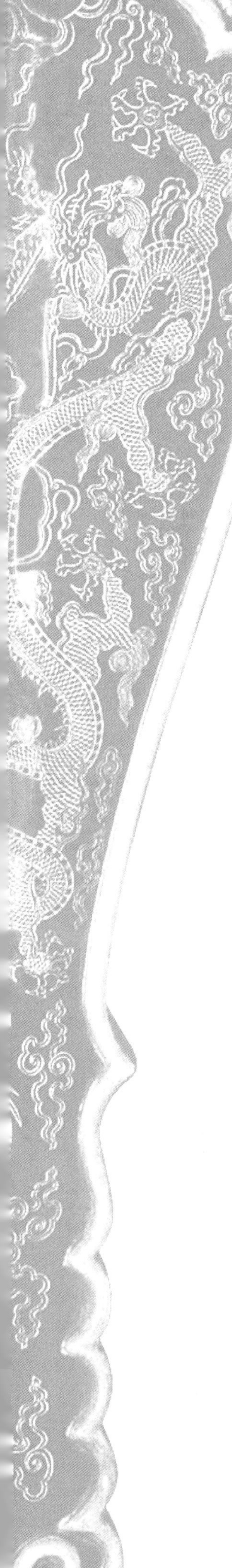

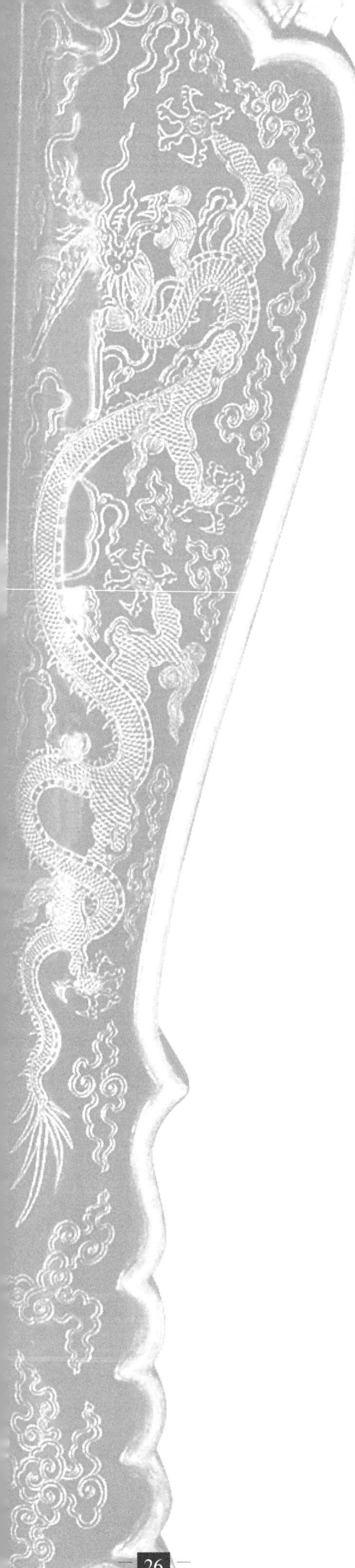

叁级文物

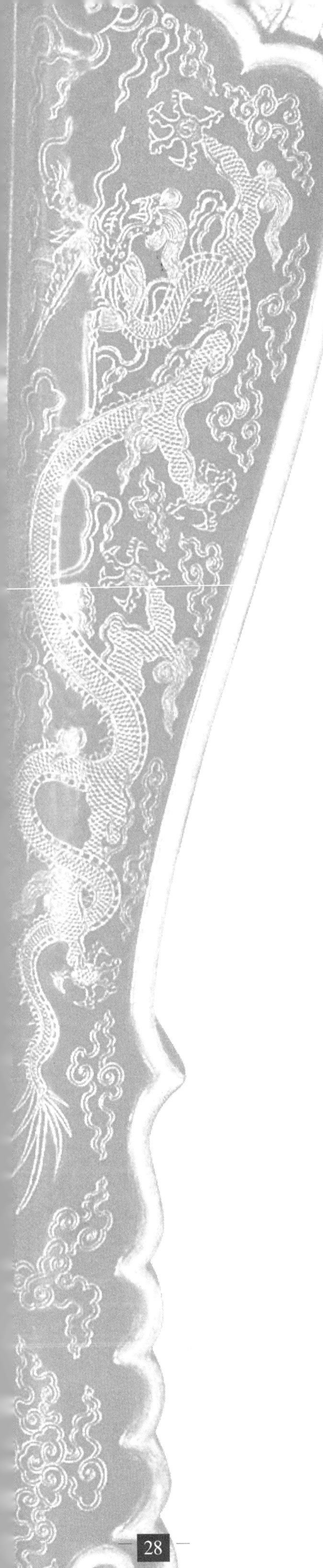

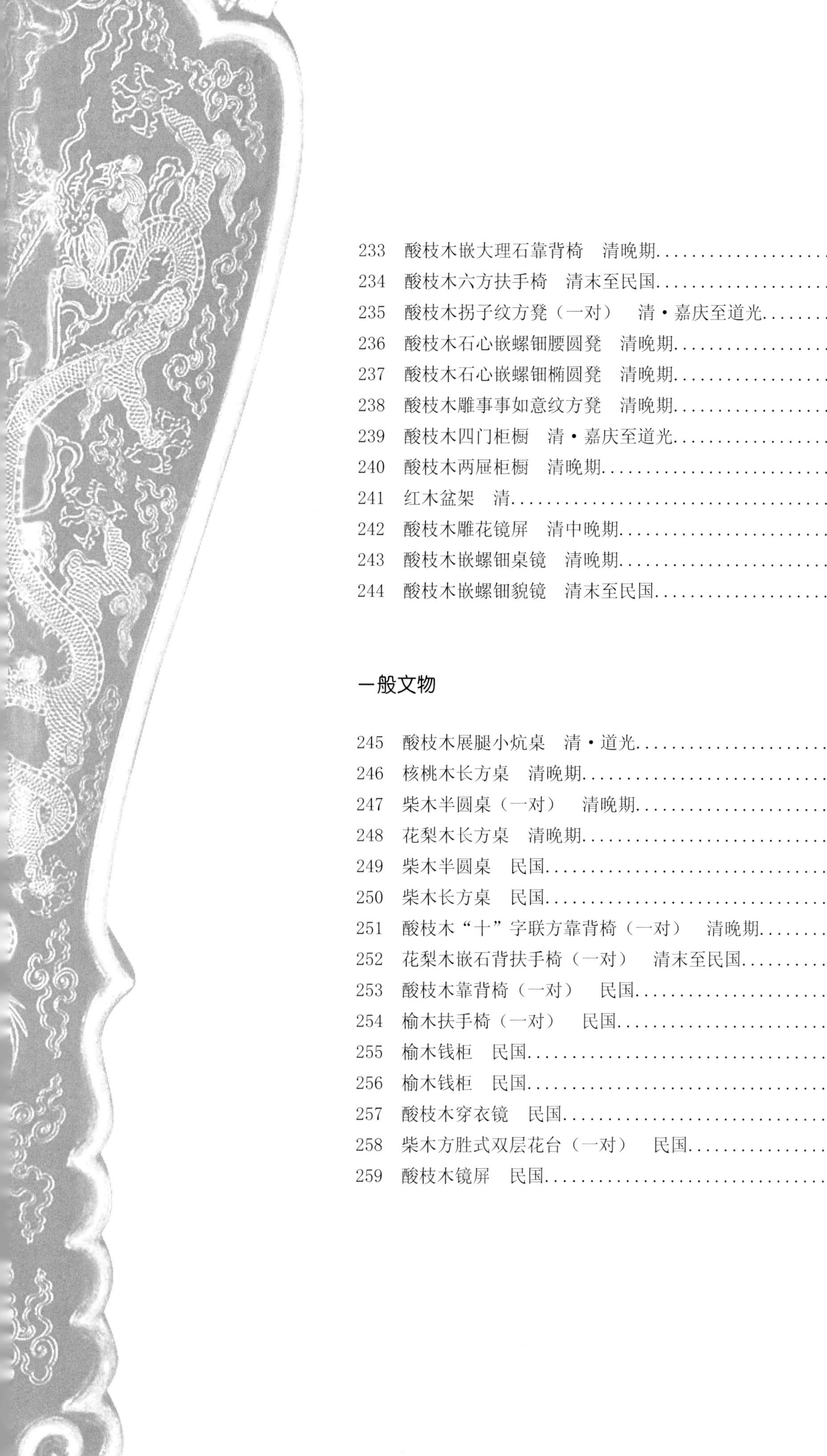

一般文物

LIST OF THE PLATES

THE FIRST-CLASS CULTURAL RELICS

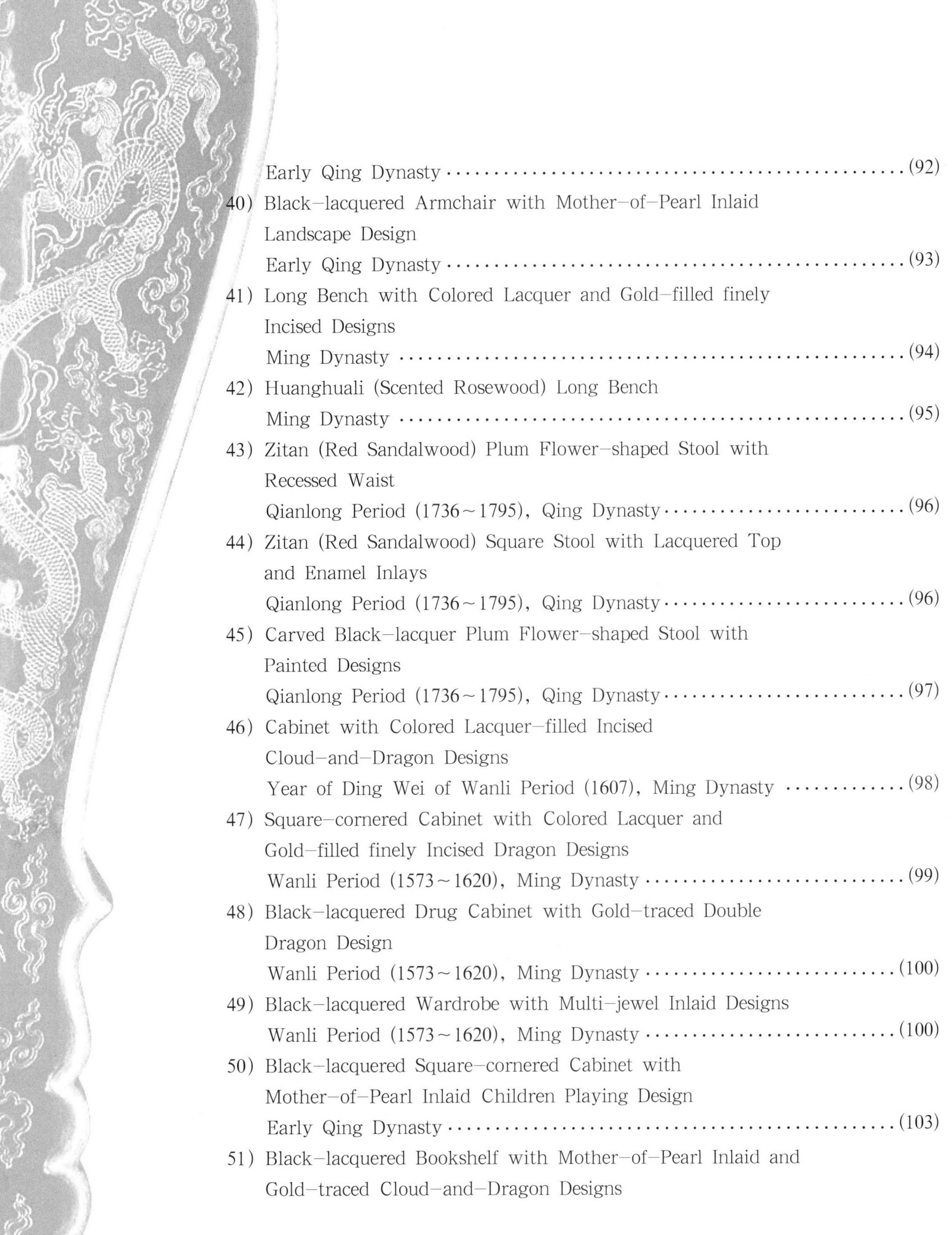

THE SECOND-CLASS CULTURAL RELICS

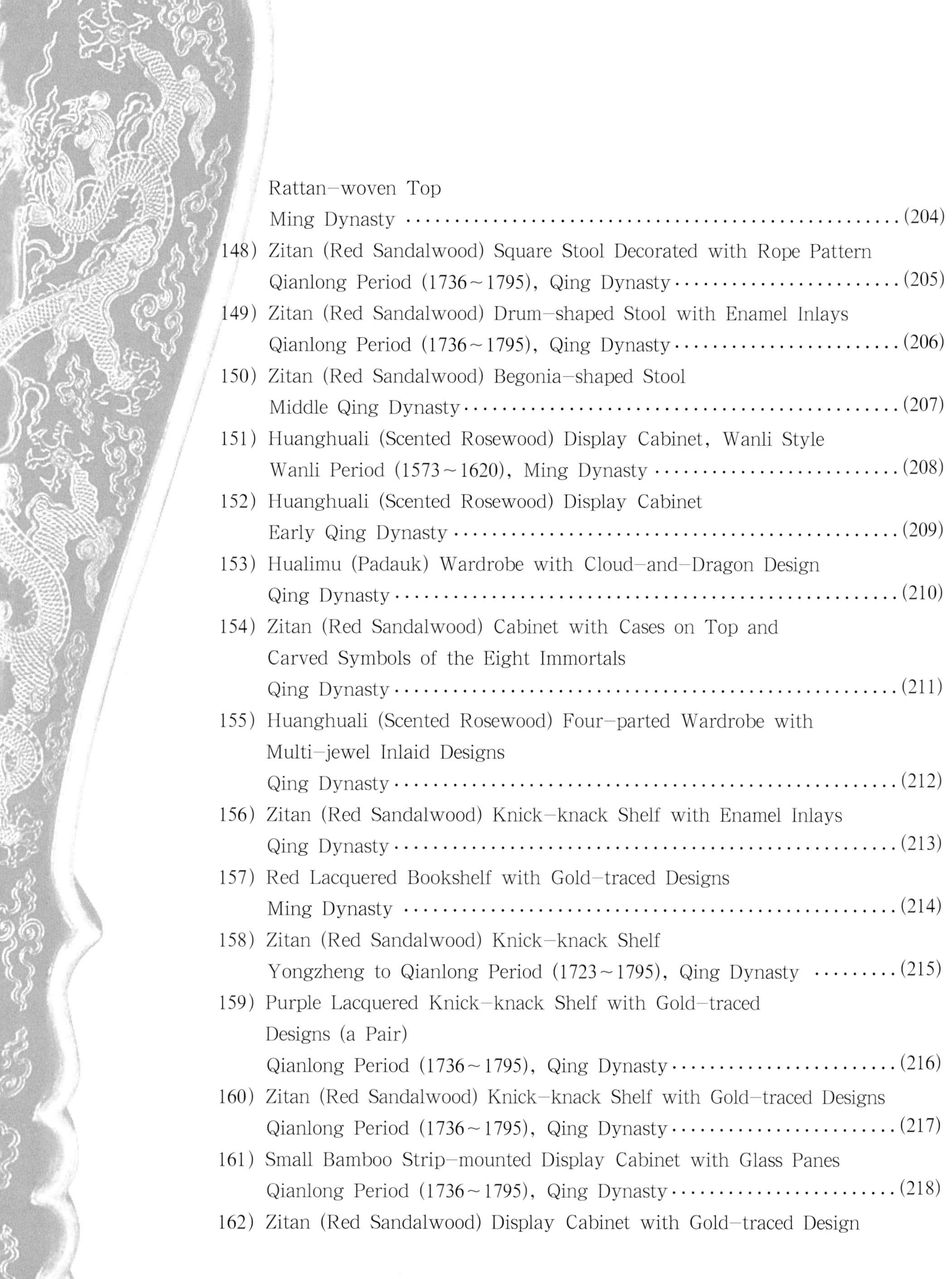

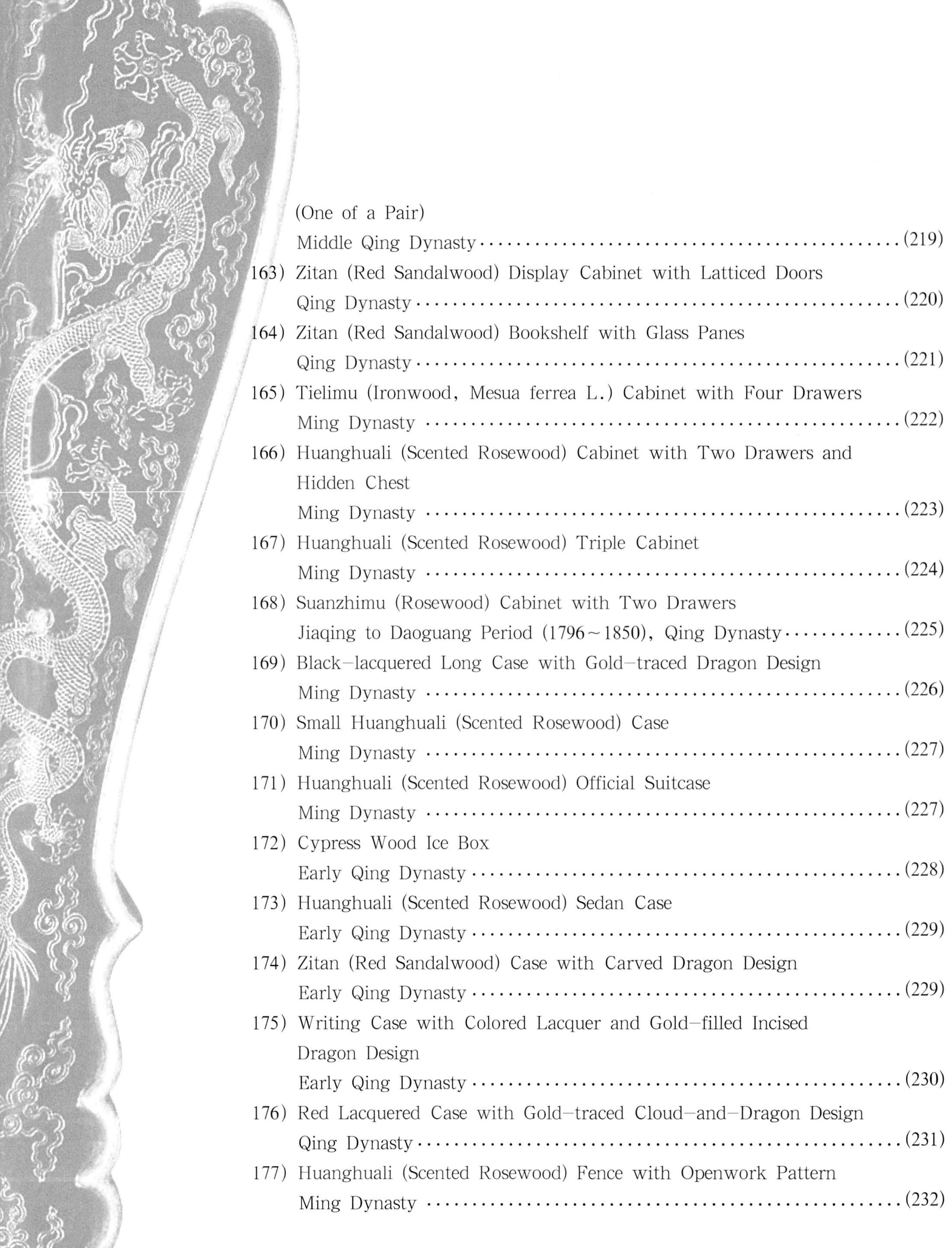

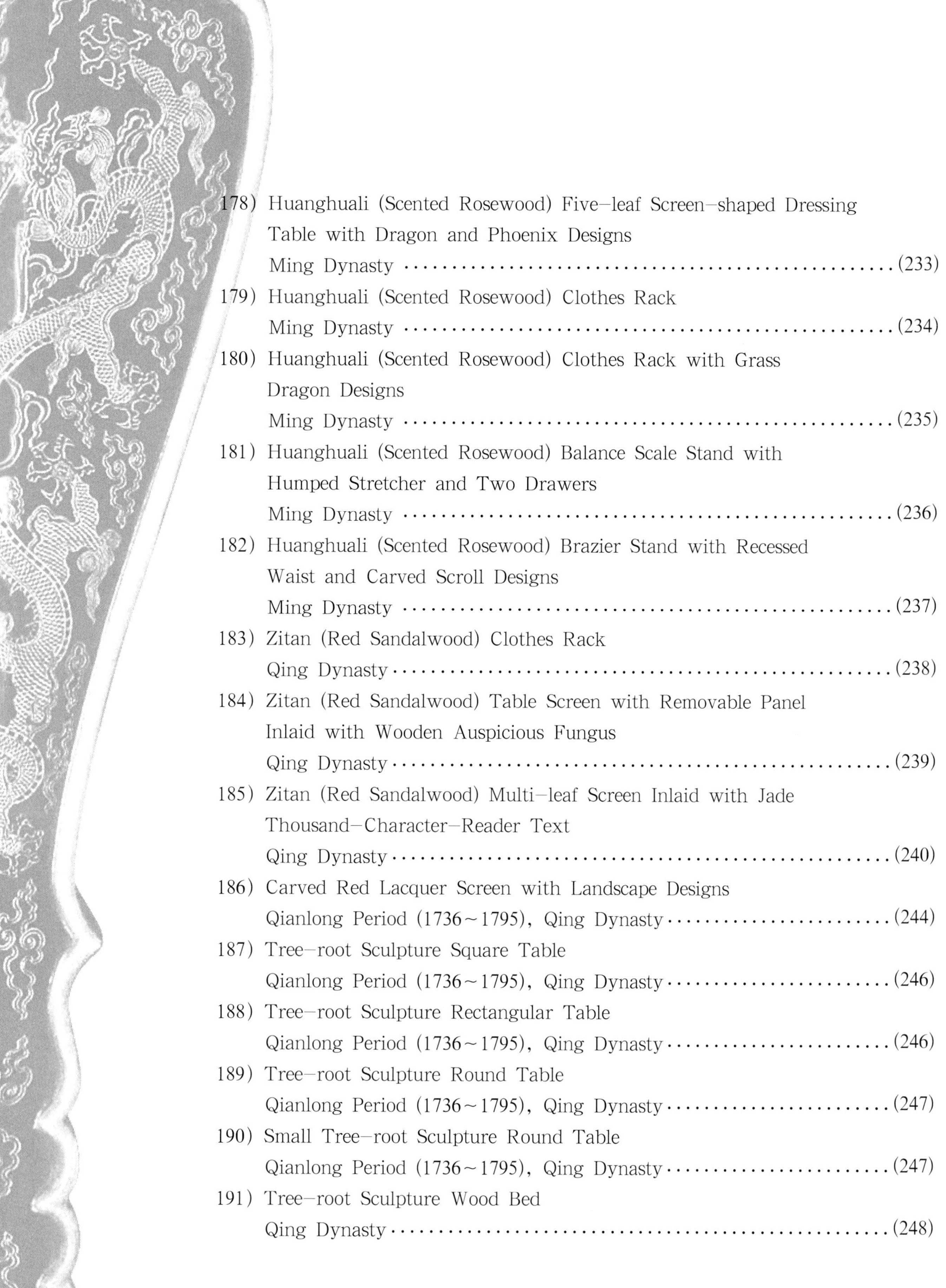

THE THIRD-CLASS CULTURAL RELICS

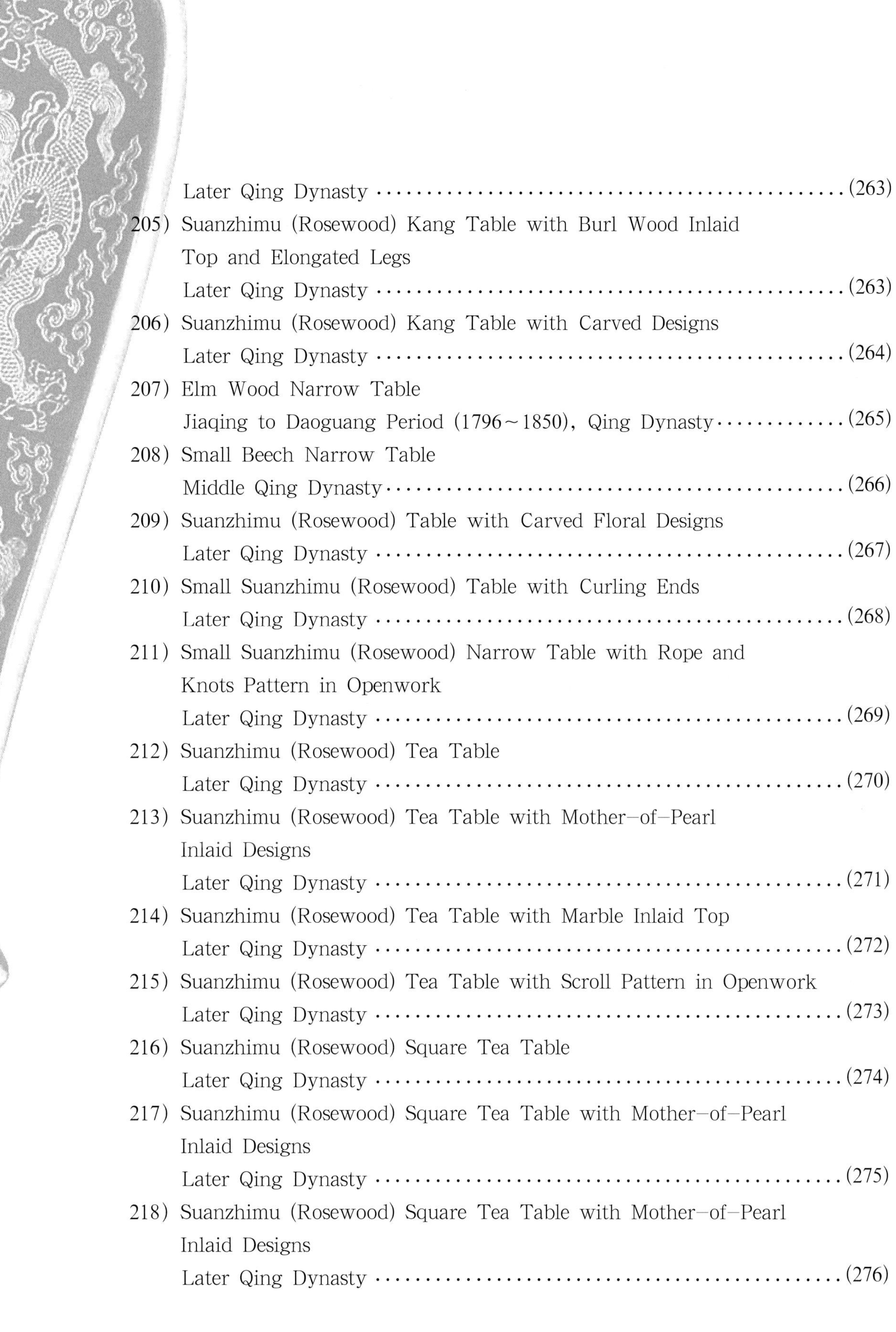

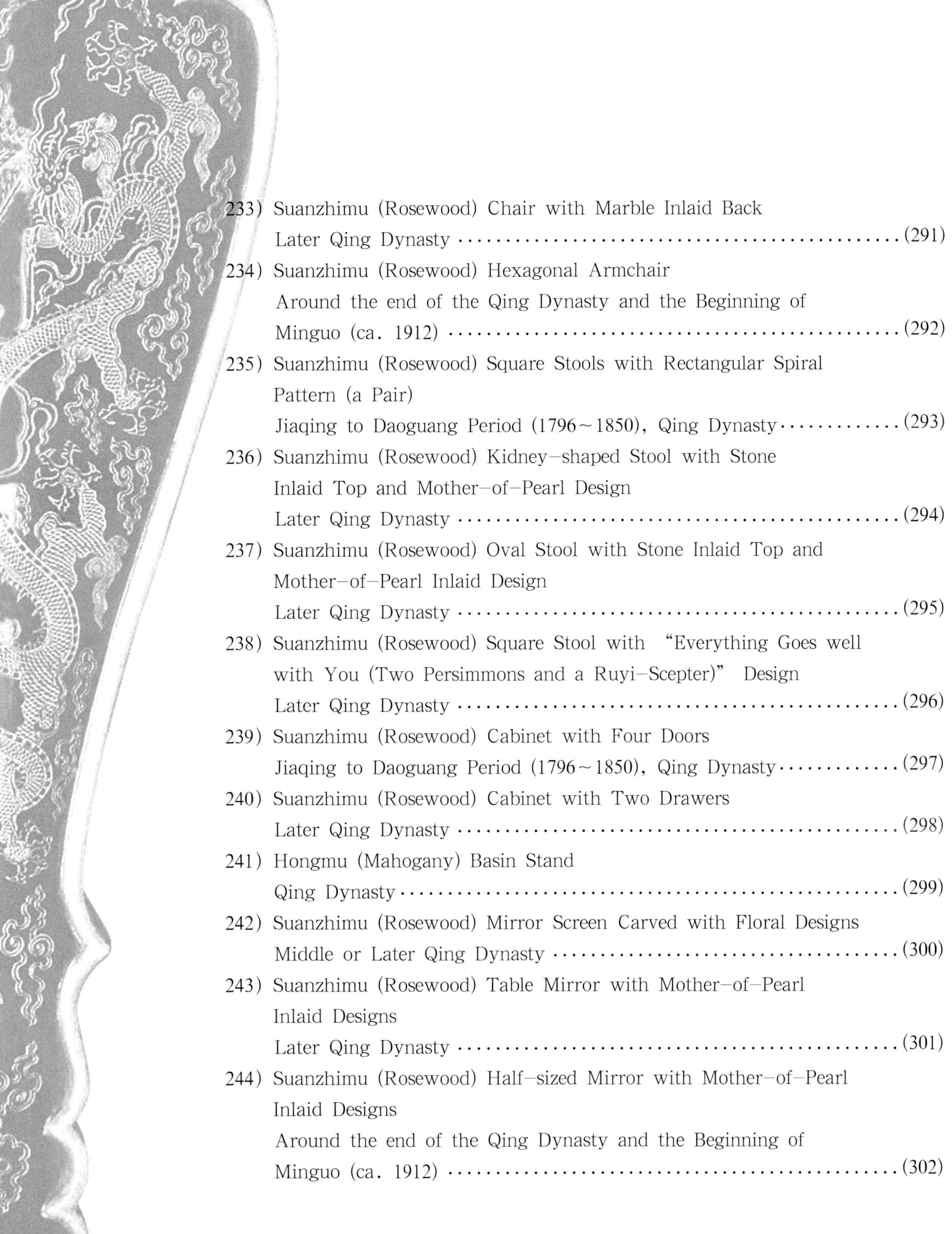

COMMEN CUTURAL RELICS

壹级文物

1 紫檀带托泥宝座

明（1368～1644年）

横98、纵78、通高109厘米

故宫博物院藏

紫檀木制。围子由后背、扶手三扇构成，但做成七屏风式样。除座面及束腰外，全身浮雕莲花、莲叶及蒲草纹，密不露地。刻工圆浑，不见棱角。花叶的向背俯仰，枝梗的穿插回旋，与宝座的造型巧妙地结合起来，座前有同一花纹的脚踏，制作极精。是现存明代晚期的家具精品，具有特别重要的艺术、历史价值。保存完好，定为国家馆藏壹级文物。

2　红雕漆勾莲宝座（成对之一）

清早期（1644～1735年）

横101.5、纵67.5、高102厘米

故宫博物院藏

木制。通体雕朱漆花纹，靠背透雕拐子龙捧圆寿纹，两侧扶手为透雕的拐子纹，座面边框雕回纹，面下束腰上雕刻连续的“卍”字纹，有托腮，直牙条，鼓腿膨牙，内翻马蹄，足端踩圆珠，落在托泥之上，宝座靠背、扶手、座面、腿牙之上，满雕勾莲纹，密不露地，刀法纯熟。应为清早期作品。具有特别重要的历史、艺术价值。保存完好，按两件计，每件定为国家馆藏壹级文物。

3 黄花黎嵌牙木雕山水宝座

清·乾隆（1736～1795年）

横96、纵69、高98厘米

故宫博物院藏

木制。长方形，屏风式背，光素黄花黎框，作回纹形，两面打洼，边缘委角起四层线。梯式扶手，背板及扶手中间为天青色漆地，嵌雕鸡翅木山水图案，雕牙骨人物流云，背面黑漆描金花卉，楠木座心。回纹式卷舒足，装饰打洼线。下附托泥。座前设有脚踏。此器用材厚重，工艺极精。是清代乾隆时期家具精品，具有特别重要的历史、艺术价值。保存完好，定为国家馆藏壹级文物。

4　紫檀嵌碧玉大椅

清 · 乾隆（1736～1795年）

横122、纵85、座宽50、背高50、通高100厘米

故宫博物院藏

紫檀木制。屏风式背，四足有托泥。背作屏风式，嵌碧玉雕云龙二，两侧扶手各嵌碧玉雕云龙一，四周凿铜双线，嵌碧玉回纹边。座沿为紫檀平雕回纹锦，腿足平雕龙纹，带托泥。黑漆描金云龙椅背。此器具有特别重要的艺术、历史价值，保存完好，定为国家馆藏壹级文物。

5　**紫檀嵌玉宝座**

清·乾隆（1736～1795年）

横109、纵84、座高50、通高104厘米

故宫博物院藏

紫檀木制。屏风式背围，腿作三弯式，带托泥。后背随轮廓浮雕回纹，板心浮雕云纹地，嵌白玉雕正龙一，左右下角嵌白玉雕蝙蝠。龙头上端及两侧均嵌白玉雕蝙蝠各一。两侧扶手内外亦以云纹为地，嵌白玉雕行龙各一。座面紫檀木拼镶回纹锦。束腰镶嵌珐琅，牙板嵌碧玉叶，白玉勾莲花，间以白玉蝙蝠二。嵌铜胎珐琅牙角，凸雕如意云头式足，带托泥。此器材美工精，玉质晶莹，为乾隆时期的家具珍品。具有特别重要的艺术、历史价值，保存完好，定为国家馆藏壹级文物。

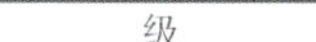

6　黄花黎架子床

明（1368～1644年）

横218.5、纵147.5、高231厘米

故宫博物院藏

黄花黎木制。因有立柱六根，故又名“六柱床”。围子用短材攒成“卍”字图案。床顶四周挂檐则由镂花的绦环板组成。雕刻精细，一丝不苟。是同类家具中罕见的大器。具有特别重要的历史、艺术价值。保存完好，定为国家馆藏壹级文物。

7　黄花黎月洞门架子床

明（1368～1644年）

横247.5、纵187.5、高227厘米

故宫博物院藏

黄花黎木制。正面用木雕四簇云纹加“十”字攒接成透棂式椭圆形门罩，分三块组成，两侧及后部床围和挂檐均用同法制成。床面为棕屉，上附花眼藤席。面下高束腰，用竹节形矮佬界出数格，每格镶浮雕花鸟蔬果图案。下承托腮。四面牙板与腿足作壶门形，对称浮雕草龙和卷草。腿三弯式，云纹足。做工精细，图案雕刻生动，各部结构均用活榫开合式，便于搬运和组装。为明代家具中的代表作。具有特别重要的历史、艺术价值。保存完好，定为国家馆藏壹级文物。

8　黄花黎罗汉床

明（1368～1644年）

横218.5、纵114、高79厘米

故宫博物院藏

黄花黎木制。面下有束腰，鼓腿膨牙。大挖马蹄，牙板与腿内侧起压边线。最为难得的是各部位都选用了纹理生动醒目的黄花黎。三块独板围子上角有柔和的委角，迎面的一块围子，有风起云涌之势。造型简练，做工精湛，材料上乘，在明代传世家具中属罕见的大器，充分体现了明式家具的气质和风度，代表了明式家具的最高水平。具有特别重要的历史、艺术价值，定为国家馆藏壹级文物。

9 雕红漆云龙床

清·雍正（1723～1735年）

横231、纵125、高108厘米

故宫博物院藏

木制。三屏背，四足带托泥。床面红漆，线刻填金正龙一、行龙四，满布海水纹；凸雕水纹边沿，剔红海水纹四边牙及腿足，带托泥；双面雕鱼龙变化海水纹床背及侧围。图案雕刻刀法圆润，形象生动，在剔红作品中属罕见大器，传世极少，堪称精品。具有特别重要的艺术、历史价值，保存完好，定为国家馆藏壹级文物。

10 紫檀嵌瓷大罗汉床

清早期（1644～1735年）

横248、纵131.5、高92厘米

故宫博物院藏

床体紫檀木制。座面攒框落堂镶板，罩黑漆面心。面下打洼束腰，长牙条，三垂洼堂肚，鼓腿膨牙，大挖内翻马蹄。面上九屏式床围，用走马销连接，均活榫可开合。九个屏框内分别镶嵌一块五彩花卉纹瓷片，色彩艳丽，与深紫色的紫檀木相映衬，使这件床榻显得异常雄劲有力。有特别重要的艺术价值和历史价值，定为国家馆藏壹级文物。

11　紫檀嵌玉雕龙床

清·乾隆（1736～1795年）

横206、纵111、座高51、背高51、高102厘米

故宫博物院藏

紫檀木制。七屏风式，长方形，卷云式足，有托泥，通体光素。紫檀木围子内嵌青白玉雕云龙纹心子，四角镶铜线，腰板光素镟凹，下沿板正中雕旋涡纹。为乾隆时巨床的典型。世间罕见的紫檀大料制成如此大器，殊为难得。具有特别重要的历史、艺术价值。保存完好，定为国家馆藏壹级文物。

12　朱漆戗金细钩填漆龙纹酒桌

明 · 万历 · 癸丑（1613年）

横89、纵64、高71厘米

故宫博物院藏

木制。北京称为“酒桌”，其造型可上溯至五代，如《韩熙载夜宴图》所见，明代仍流行。此桌用插肩榫，腿足与牙条表面平齐，以便于髹饰施工。桌面四周起拦水线，朱漆地。开光内戗金彩漆雕聚宝盆，两侧双龙戏珠。四角为折枝花卉。牙条镀出壶门式轮廓，亦以双龙为饰。腿足及足间双枨雕填花卉纹。桌底面朱漆，刻填金“大明万历癸丑年制”楷书款。四腿外展较大，颇显稳重。造型美观，装饰华丽，且有明确纪年。对研究明代漆器家具的发展有特别重要的历史、艺术价值，定为国家馆藏壹级文物。

13　朱红填漆戗金琴桌

明（1368～1644年）

横97、纵45、通高70厘米

故宫博物院藏

木制。长方形，立水式沿板，直腿马蹄足。红色漆地，桌面长方开光戗金二龙戏珠，雕填彩云立水，黑方格锦纹地，周葵花式开光戗金八条赶珠龙，间以填彩八宝，黑“卍”字戗金方格锦纹地。沿填彩朵云，腰板戗金填彩缠枝花卉。戗金双龙戏珠、八宝、立水沿板。腿面戗金填彩赶珠龙，间黑“卍”字方格锦纹地，腿里部素地彩填朵云，黑素漆底，镂空钱纹音孔两个。虽无款识，但从做工上看，为明万历时器物。尤其桌里与桌面之间留有约5厘米的空隙，目的在于弹琴时琴音在空隙中震动再通过钱纹孔传出，借以提高音色效果。迄今为止，此为带音箱的琴桌实物最早的一例。具有特别重要的历史、艺术价值，定为国家馆藏壹级文物。

14 黑漆棋桌

明（1368～1644年）

横84、纵93、通高84厘米

故宫博物院藏

木制。长方形。三层套面，八腿，通体黑素漆，边缘起线，活榫三连桌面，腿足合四分八，可随意组合。凸起罗锅枨式桌牙。下层桌面正中有活心板，背绘黄色漆地棋盘，盘侧镟圆口有盖棋子盒两个，棋盘下方槽，槽内左右装抽屉两个，内附纸、骨牛牌、骰筹等七份。棋桌设计巧妙，工艺精湛，具有特别重要的艺术、历史价值，定为国家馆藏壹级文物。

15 **填漆戗金炕桌**

清·康熙（1662～1722年）

横85.5、纵57、高26厘米

故宫博物院藏

木胎。长方形，拱肩，卷舒式腿，下有珠式足。通体淡颜色漆地，面填朱漆戗金升龙，旁满布五色流云，红斜方格黑“卍”字锦纹地，固有黑漆栏。边填漆戗一开光赶珠龙，两枚折枝花卉，间以钱纹锦地。腰板戗金彩色龙纹图案。如意云头板牙，雕填戗金彩色双龙戏珠。卷云式包角，雕填钱纹锦纹地。肩雕填团莲，填彩双龙纹足，黑漆素里。造型俊秀美观，工艺复杂精湛。具有特别重要的历史、艺术价值，定为国家馆藏壹级文物。

16 红漆戗金金包角宴桌

清早期（1644～1735年）

横112.5、纵75.5、高33厘米

故宫博物院藏

宴桌长方形，桌面边缘起拦水线，正中菱形开光，雕填正龙，四角饰行龙，周边填漆斜方格锦纹开光，开光内饰戗金双龙戏珠。桌面侧沿饰冰盘沿，高束腰以矮佬分为数格，当中镶板并起贴金绦环线。束腰上下饰托腮。壸门式牙条，当中饰分心花。三弯式蚂蚱腿，里口起线贴金与壸门牙交圈。另在桌面四角和四个拱肩处镶纯金云纹包角。这种宴桌，按清宫则例规定，只有皇帝、太后、皇后才有资格使用，在清宫家具品类中等级较高。有特别重要的艺术价值和历史价值，定为国家馆藏壹级文物。

17　黑漆戗金龙纹高束腰炕桌

清早期（1644～1735年）

横118.5、纵84.2、高32厘米

故宫博物院藏

木制。高束腰齐牙条。束腰在短柱之间嵌装绦环板，开海棠式“鱼门洞”。桌有罩面，罩面下有圆形透孔十五个，分列三行，为高足杯而设。桌与面罩，除边缘施罩金髹外，通体黑漆戗金。罩面正中戗画正龙，四角锦地开光，开光内戗画双龙戏珠。桌面圆孔之间戗画团龙，牙板上亦以双龙为饰。这种工艺，称为“清钩戗金”。为清前期作品。对研究清前期家具及漆工艺具有特别重要的历史、艺术价值，定为国家馆藏壹级文物。

18　黄花黎嵌螺钿炕桌

清·乾隆（1736～1795年）

横91.5、纵60.5、高28厘米

故宫博物院藏

黄花黎木制。案形结体，牙板与腿采用透雕龙纹托角牙。腿足正面嵌螺钿龙纹。桌面以小块黄花黎木嵌作冰裂纹。当中嵌紫檀分瓣团花五簇，边缘及四角嵌紫檀开光各四，再用螺钿及叶蜡石嵌龙螭、灵芝、仙鹤、番莲等花纹，使这件炕桌深浅分明，绚丽多彩。为清代乾隆年间家具精品。具有特别重要的历史、艺术价值，定为国家馆藏壹级文物。

19 紫檀漆面嵌珐琅长方桌

清·乾隆（1736～1795年）

横118、纵37、高84.5厘米

故宫博物院藏

紫檀木制。直腿长条形。桌面黑漆地，描金勾连蝙蝠图案。光素紫檀边。雕回纹锦桌沿。镶嵌珐琅铜包角，蟠螭通腿桌牙，镶嵌勾莲蝙蝠纹铜胎珐琅片。四角接腿处嵌珐琅瓶式柱。为乾隆时期木器结合漆、珐琅等多种工艺的代表作品。具有特别重要的历史、艺术价值，定为国家馆藏壹级文物。

20 **紫檀漆面嵌珐琅长方桌**

清·乾隆（1736～1795年）

横149.5、纵64、高84.5厘米

故宫博物院藏

紫檀木制。长方形，直腿，桌面黑漆地，描金勾莲图案。光素桌边。雕回纹锦桌沿。面下紫檀回纹桌牙，四腿起线打槽，均镶嵌勾连蟠螭纹铜胎珐琅花。腿与桌牙相连，顶端不与桌面相接。在四角接腿处嵌一铜胎珐琅瓶式立柱。是清代中期木器结合漆、珐琅等多种工艺的代表作品。具有特别重要的历史、艺术价值，定为国家馆藏壹级文物。

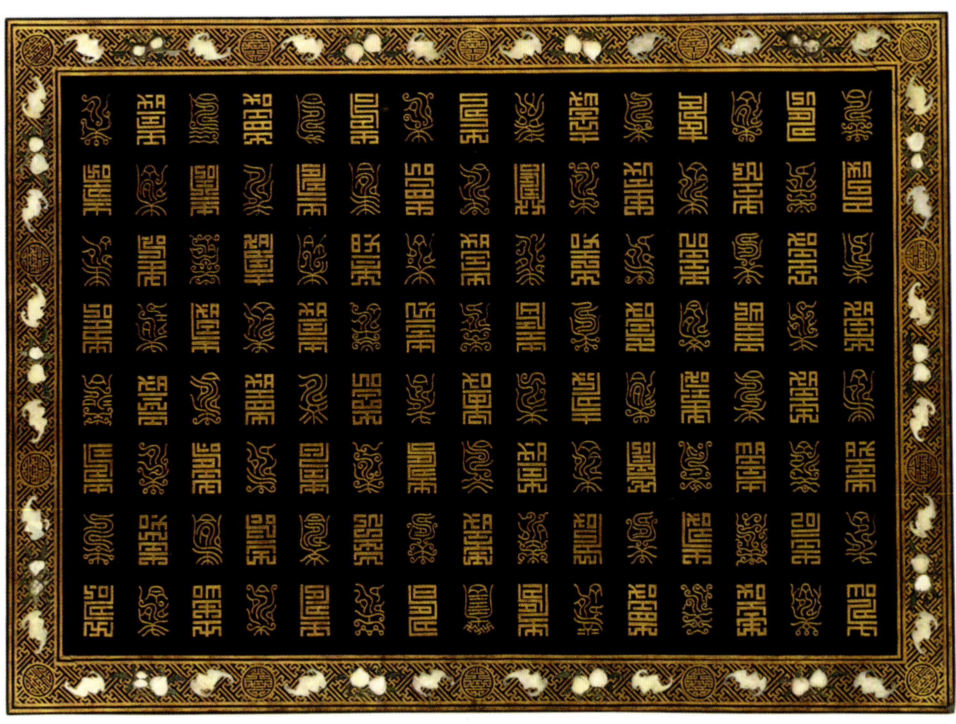

21　黑漆嵌玉宴桌

清中期（1736～1820年）

横112、纵81、高29.5厘米

故宫博物院藏

通体黑漆地，桌面中间描金“寿”字一百二十个，四周为描金斜“卍”字锦纹地，锦地当中嵌玉制蝙蝠、寿桃及描金团“寿”字。桌面侧沿为描金斜“卍”字锦纹地，并长圆开光，开光内嵌玉制蝙蝠、寿桃。回纹束腰，下为描金莲瓣纹托腮，云纹牙条。拱肩直腿，腿、牙边沿描金，满饰填彩描金团“寿”字及玉制寿桃、蝙蝠。内翻马蹄。此桌做工精湛，纹饰繁缛，寓意吉祥，为清代家具中的精品。存世量较少，具有特别重要的历史价值和艺术价值，定为国家馆藏壹级文物。

22　紫檀八屉书桌

清（1644～1911年）

横220、纵89、高87.5厘米

故宫博物院藏

紫檀木制。长方形，裹腿式，侧面足间安裹腿绳纹枨。桌面光素，其余部位刻钱维城、刘石庵、南沙老人、郑板桥、汤贻汾等数十家清人书画，多无年款。汤氏卒于1853年，据此可略知书桌的刻字年代。此桌工精料美，等匀三拼桌面和长逾两米的大边，殊为难得。又有多家历史名人作画题字，堪称绝世珍品。具有特别重要的历史、艺术价值，定为国家馆藏壹级文物。

23 **黑漆嵌螺钿平头案**

明 · 万历（1573～1620年）

横197、纵53、高87厘米

故宫博物院藏

木制。平头长条形。通体黑漆嵌厚螺钿，面嵌坐龙、行龙，间朵云，边牙嵌赶珠行龙。如意云头形牙头及牙板。直腿，下端镶云头形铜套足。如意云头形挡板，嵌龙纹间以朵云。案里嵌螺钿“大明万历年制”楷书款。为明代嵌螺钿家具中的稀见之物，且工艺精良。存世极少。有特别重要的艺术、历史价值，定为国家馆藏壹级文物。

24　铁梨木象纹翘头案

明·崇祯·庚辰（1640年）

横343、纵50、高89厘米

故宫博物院藏

铁梨木制。夹头榫，带托子。案面独板，厚度10厘米余。底面挖圆槽，目的在减轻大案的重量，但又要保留“看面”的厚度，以期收到浑朴、凝重的效果。槽内有“崇祯庚辰仲冬制于康署”阴文款识。据此得知，案于1640年造成，而康署为今广东省德庆县。牙头外形作云纹，中雕相背的两象，合起来又组成向下卷转的浮雕云纹，构图颇为巧妙。挡板用厚板锼成大朵垂云，居中直挂，两下角用角牙填压。硬木家具有年款及产地者极少，对研究明代广东家具艺术有特别重要的历史、艺术价值，定为国家馆藏壹级文物。

25 紫檀画案

明（1368～1644年）

横233、纵93、高85厘米

故宫博物院藏

紫檀木制。光素无纹。沿板及腿面起通线。直腿下附托泥。腿间委角方格枨，均活榫可开合。整件器型稳重大方，木材精细，制作精良。尤其长逾2.3米的紫檀大料，更是罕见。具有特别重要的历史和艺术价值，定为国家馆藏壹级文物。

26 黑漆嵌螺钿书案

清·康熙·甲寅（1674年）

横160、纵58、高82厘米

故宫博物院藏

木制。长方形，长牙条，夹头榫，圆柱腿。通体黑漆地，面嵌彩螺钿山石花鸟，四周嵌开光花卉，间布锦纹地。沿板、足、枨均散布折枝花卉，包铜四足。红色漆里，正中穿带上刻“大清康熙甲寅年制”楷书款。此案画面生动饱满，螺钿色泽绚丽，在大件漆嵌螺钿家具中属稀见之物。纪年明确。具有特别重要的历史、艺术价值，定为国家馆藏壹级文物。

27 黑漆嵌螺钿翘头案

清·康熙·丙辰（1676年）

横232、纵52、高87厘米

故宫博物院藏

木制。黑漆地，面嵌彩螺钿一条正龙，四条行龙，其间散布流云。四周开光赶珠龙，间布天花锦纹地。两翘嵌彩螺钿双龙戏珠，散嵌五彩流云。边沿通嵌各式戏珠行龙，间布彩云，四腿各嵌一条彩螺钿升龙，足部彩色立水，散布流云，两侧挡板各嵌一正龙，一行龙，间布彩云立水，彩螺钿流云足，红漆里。穿带刻“大清康熙丙辰年制”楷书款。为嵌钿大件器物中稀见之物。纪年明确，具有特别重要的历史、艺术价值，定为国家馆藏壹级文物。

28　黑漆嵌螺钿山水人物纹平头案

清·康熙·辛未（1691年）

横193.5、纵48、高87.4厘米

故宫博物院藏

木制。夹头榫结构，云纹牙头及挡板，足下带托泥。通体黑漆地，以薄螺钿嵌花纹。案面为山水人物。牙条及腿足开光内嵌折枝花卉，以螺钿加金银片等嵌成。案面里侧有“大清康熙辛未年制”楷书款。为清康熙时期漆器镶嵌工艺的杰出作品。具有特别重要的历史、艺术价值，定为国家馆藏壹级文物。

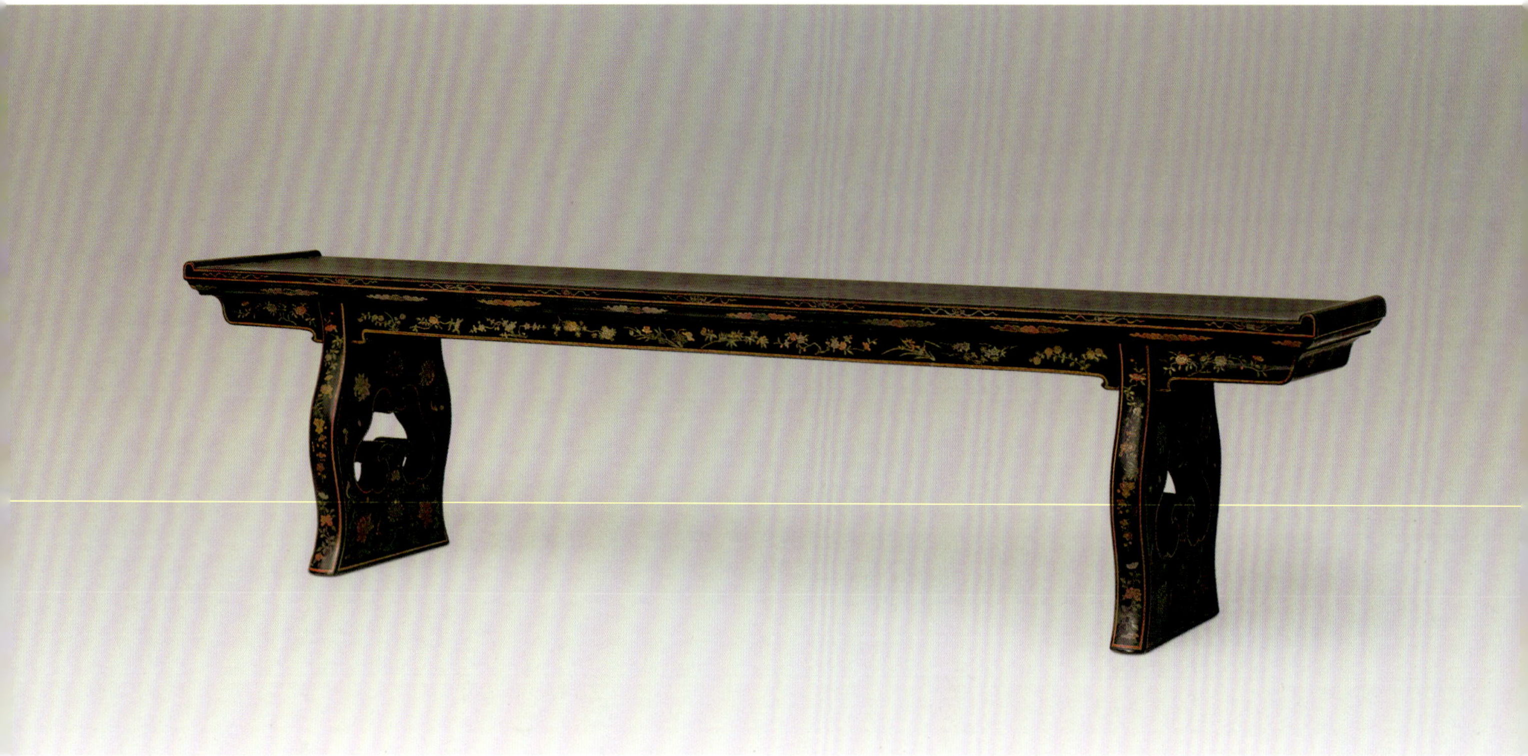

29 填漆戗金炕案

清·康熙（1662～1722年）

横160、纵30、高39厘米

故宫博物院藏

木制。长条形，小翘头，壶瓶式板腿。案面黑漆地，雕填戗金开光花卉，红色钱纹锦地。两端雕填折枝花卉，红“卍”字方格锦纹地。鳅背式小圆翘。案边、沿板和腿部均戗金双勾红线，填彩暗八仙，戗金填彩流云，散布折枝花卉。瓶式板腿，里面均彩漆雕填串枝勾莲纹，红色漆里有“大清康熙年制”楷书款。做工精细，纪年明确，艺术水平高。对研究和鉴定清代漆器家具有特别重要的历史、艺术价值，定为国家馆藏壹级文物。

30 剔黑填漆炕案

清·乾隆（1736～1795年）

横88、纵33、高35厘米

故宫博物院藏

木制。长方形，直腿，双云护腿边牙，直腿带托泥。面填漆六方花纹锦，回纹边，边以下剔黑六方花纹锦，卷云式足。做工精细，造型简练朴素，在家具品类中，剔黑工艺是绝少的品种，是乾隆时期的精品。具有特别重要的历史、艺术价值，定为国家馆藏壹级文物。

31　剔红几

明·宣德（1426～1435年）

面径43、肩宽45、高84、托泥宽57厘米

故宫博物院藏

木制。四方委角面，拱肩直腿，足有托泥，通体剔红串枝牡丹花纹。几面为双飞孔雀串枝牡丹，凹心回纹锦地边。沿板四面开壶门，鹤腿蹼足，带托泥。黑素漆里刻“大明宣德年制”款。此器漆色鲜红，刻工简练，孔雀和花卉生动饱满，刀法保持藏锋圆润的传统。此为明代大件剔红家具中稀见之物。具有特别重要的历史、艺术价值，定为国家馆藏壹级文物。

大明宣德年制

32 黑漆嵌螺钿香几

明·宣德（1426～1435年）

面径38、高82厘米

故宫博物院藏

木制。葵花式面，鹤腿象鼻足，有托泥。通体黑漆地。面彩绘嵌螺钿龙戏珠，四周彩绘嵌螺钿折枝花卉，边缘沿板均开光描彩折枝花卉，肩腿部嵌螺钿描彩龙戏珠，间饰折枝花卉，开光鱼藻折枝花足托泥，黑漆里刻“大明宣德年制”楷书款。是宣德时代“斒斓”做法中之上品。存世极少，具有特别重要的历史、艺术价值，定为国家馆藏壹级文物。

33 **填漆云龙海棠式几**

清·康熙（1662～1722年）

横38、纵29、高74.4厘米

故宫博物院藏

木制。海棠花式，卷鼻腿下珠式足，有托泥，通体黄漆地。面雕填一条彩色正龙，下部八宝立水，龙身红色火焰，散布彩色朵云。边缘开光花卉填黑线锦纹地。足托雕填一条红色正龙，填黑流云立水，红素漆里。里刻“大清康熙年制”楷书款。其造型有明代风格，属康熙时精品。制款纪年准确，对研究清初漆器制品的工艺特点和确定年代有特别重要的历史、艺术价值，定为国家馆藏壹级文物。

大清康熙年製

34　填漆云龙双环式几

清・康熙（1662～1722年）

横24.4、纵23、高50.5厘米

故宫博物院藏

木制。面二圆相连形。拱肩，卷鼻式六腿，下接珠式足，带连环式托泥，通体黄色漆地，面填彩红蓝色二龙戏珠，彩云立水，边缘散布填彩花蝶，填彩八宝沿板，肩以下和腿、足里面均彩填百蝶折枝花卉。里刻“大清康熙年制”楷书款。有明代风格，为康熙时漆工艺杰出作品。具有特别重要的历史、艺术价值，定为国家馆藏壹级文物。

大清康熙年製

35　绸色地戗金细钩填漆龙纹梅花香几

清 · 康熙（1662～1722年）

面径25、高52厘米

故宫博物院藏

木制。面戗金雕填青色正龙，彩色云水，开光折枝花卉边。束腰及牙子填漆并描绘八宝，开光折枝花卉，间以勾连球纹。彩漆勾莲托腮，蜻蜓式腿，五足下有台座。黑漆里刻“大清康熙年制”楷书款。做工精细，且有明确纪年款识。具有特别重要的历史、艺术价值，定为国家馆藏壹级文物。

36　填漆戗金方几

清·康熙（1662～1722年）

横25.5、纵25.5、高50.4、底横25.7、纵25.7厘米

故宫博物院藏

木制。方形，腿卷式足，带托泥。通体黄色漆地雕填戗金。几面为葵瓣式菱形开光，戗金行龙、彩云、聚宝、立水。四角开光勾莲团花，黑“卍”字方格锦纹地，腰板彩色龙纹。四腿为彩色折枝花卉。托泥葵瓣式菱形开光，戗金云龙、立水，黑“卍”字方格锦纹地，黑漆素里刻“大清康熙年制”楷书款。为清康熙时漆工艺杰出作品。具有特别重要的历史、艺术价值，定为国家馆藏壹级文物。

37 紫檀漆面嵌珐琅炕几

清·乾隆（1736～1795年）

横87、纵34、高34.5厘米

故宫博物院藏

紫檀木制。长方形，直腿回纹足，酱色漆地描金云头式勾莲几面，描金龙纹角，雕回纹侧沿，四角嵌珐琅勾莲花铜包角，盘兽面纹通沿。嵌勾连龙纹图案的铜胎珐琅片。龙形几牙。四角接腿处装珐琅瓶式立柱。是木器结合漆工艺及珐琅工艺的成功之作。具有特别重要的历史、艺术价值，定为国家馆藏壹级文物。

38 黄花黎圈椅

明（1368～1644年）

横69、纵53.5、高101.5厘米

文化部恭王府管理中心藏

黄花黎木制。弧形椅圈，曲线靠背浮雕如意纹，座面藤编软屉，面下四周装横枨，横枨与腿结合处装云纹托角牙，四腿与面上四角立柱一木贯通，腿间装步步高赶枨，枨下以罗锅枨镶抵。侧角收分明显，造型稳重大方，此器在艾克《中国花梨家具图考》、王世襄《明式家具珍赏》、《明式家具研究》中均有著录，堪称明式家具标准器，具特别重要的历史价值和艺术价值，定为国家馆藏壹级文物。

39　黑漆嵌螺钿圈椅

清早期（1644～1735年）

横64.5、纵48.5、高107厘米

故宫博物院藏

通体黑漆，用薄螺钿嵌花纹，靠背板中部为仕女园林小景，上为云纹花卉图案，下为云纹，其他部位均嵌折枝花卉。藤编软屉，座面下安壶门券口，工艺精湛，做工特点体现了康熙年间（1662～1722年）的艺术风格。存世量少，具有特别重要的历史和艺术价值，定为国家馆藏壹级文物。

40　黑漆嵌螺钿山水扶手椅

清早期（1644～1735年）

横57、纵44.5、高104厘米

故宫博物院藏

椅取南官帽式，黑漆地嵌薄螺钿加金。椅背正中锦纹边内为一幅山水画，下端透雕云纹亮脚，其余各部描金折枝花卉。藤编软屉，座面下四周取罗锅枨加矮佬形式，四面平管脚枨下另安牙条。足装铜套。工艺精湛，造型特点反映了康熙、雍正年间（1662～1735年）的风格。存世量少，属高档宫廷家具。具有特别重要的历史和艺术价值，定为国家馆藏壹级文物。

41 戗金细钩填漆春凳

明（1368～1644年）

横134.5、纵43、高53厘米

故宫博物院藏

春凳，即为便于两人并坐的“二人凳”。造型采用有束腰内翻马蹄式。腿足中间略具挖缺做法，牙板壶门形与四腿相交。凳面以填漆、描漆两种手法绘山水楼阁人物，轮廓及纹理戗划填金，属于《髹饰录》所谓“戗金细钩填漆”一类工艺，通称“雕填”漆器。此为明代漆器家具精品，存世量极少，且保存完好，具有特别重要的艺术、历史价值，定为国家馆藏壹级文物。

42 黄花黎条凳

明（1368～1644年）

横120、纵33.8、高48厘米

文化部恭王府管理中心藏

一对。黄花黎木制。案形结体，夹头榫结构，面下长牙条，牙头透雕卷云纹，四腿外面饰皮条线，腿间镶鱼肚券口，下有托泥，侧角收分明显，简练舒展，材质珍贵，艾克《中国花梨家具图考》中曾有著录，为明式家具标准器物。有特别重要的历史价值和艺术价值，传世极少，定为国家馆藏壹级文物。

43　紫檀有束腰梅花式凳

清·乾隆（1736～1795年）

面径34、高46厘米

故宫博物院藏

凳面边框立墙平直，在束腰上的双凸线中嵌竹丝，束腰雕冰梅纹。五腿及上下罗锅枨皆起双凸线，中嵌竹丝。灵巧而稳重，式样新颖，为乾隆年制精品。代表了清中期苏州家具的风格特点和高超的艺术水平，存世量少，为现存高档宫廷家具。具有特别重要的艺术、研究价值，定为国家馆藏壹级文物。

44　紫檀嵌珐琅漆面方凳

清·乾隆（1736～1795年）

横38、纵38、高43厘米

故宫博物院藏

紫檀木制。方形，四足，带托泥。凳面漆心，描金蝙蝠勾莲、团花，四周描金螭纹图案，边缘雕回纹锦，蟠螭图案式通腿牙板，镶铜胎珐琅螭纹图案。四角下嵌珐琅瓶式柱。雕回纹四足，带托泥。造型别致，色彩处理恰到好处。是清代乾隆时期家具艺术的代表作品。存世量少，具有特别重要的历史、艺术价值，定为国家馆藏壹级文物。

45　剔黑彩绘梅花式杌

清·乾隆（1736～1795年）

面径30、肩径32、通高50厘米

故宫博物院藏

杌面呈梅花形，五腿双环绳纹枨，通体剔黑，面绘冰纹，黄色海水锦纹地，白色朵梅，边有剔蕉叶螭纹图案。腿面起凹纹中线，布以六方剔花锦纹地，“卍”字锦纹梅花式托泥。形式玲珑，雕工精细，图案工整，体质轻巧，为乾隆时期的精品。具有特别重要的历史、艺术价值，定为国家馆藏壹级文物。

46 填漆云龙柜

明·万历·丁未（1607年）

横124、纵74.5、高174厘米

故宫博物院藏

木制。平顶立方式，柜门与柜框间装铜碗式合页，柜内设黑漆屉板两块，柜门相对，填葵花式开光紫脸戗金行龙二条，下部填彩立水，红“卍”字黑方格锦纹地，四周和中栓戗金填彩开光花卉，下部开光鸳鸯戏水，两侧戗金填彩云龙立水，开光填彩花卉边沿。柜后背上部填彩戗金牡丹蝴蝶，下部填彩松鹿，围以串枝勾莲。全部黑漆里，填彩串枝莲边屉板。背刻“大明万历丁未年制”楷书款。此为明代有款大件漆家具中罕见之物，有特别重要的历史、艺术价值，保存完好，定为国家馆藏壹级文物。

47 戗金细钩填漆龙纹方角柜

明·万历（1573～1620年）

横92、纵60、高158厘米

故宫博物院藏

木制。古称“一封书式”。边缘饰花卉纹。当中以细钩填漆戗金手法饰云纹，其工艺为雕后填彩漆，再戗划填金。其时代早于填漆，描金并施或只描不填的所谓“雕填”漆器。背面有“大明宣德甲戌年”款。查宣德朝无甲戌年号，且“宣德”二字有明显填补痕，显系后人改款。经鉴定应为明代万历时期作品。柜面漆饰断纹多翘裂，20世纪50年代曾经修复。在明代大件漆家具中仅见此例，具有特别重要的历史、艺术价值，定为国家馆藏壹级文物。

48 黑漆描金双龙药柜

明·万历（1573～1620年）

横78.8、纵57、高94.5厘米

故宫博物院藏

木制。对开式双门，通体黑漆，正面及两侧描金开光升降双龙戏珠，门里及背面描金松、竹、梅、蝶图案，药柜内部中心有八方转旋式的抽屉八十个，两旁各有长屉十个，每屉分为三格，共盛药品一百四十种。在每个抽屉面上绘有泥金标签，尚留有墨笔字的药品字迹。最下层有三个大抽屉。背有泥金填刻“大明万历年造”款。现存两件，此为其一。体现了明代漆器工艺的高超水平。具有特别重要的历史、艺术价值，保存完好，定为国家馆藏壹级文物。

49 黑漆百宝嵌立柜

明·万历（1573～1620年）

横126、纵61、高186厘米

故宫博物院藏

木制。黑素漆地，柜门嵌色石螺钿婴戏图，螺钿钱纹锦边，开光色石螺钿花卉。云纹铜合页。门式下沿板，嵌色石螺钿双龙纹，四周饰开光描彩花卉。下端装云纹铜套足。柜内置黑漆背红面堂板，黑漆彩绘抽屉两个，红漆柜里，黑漆柜背。为传世明代漆器家具中的精品。具有特别重要的历史、艺术价值，保存完好，定为国家馆藏壹级文物。

50　黑漆嵌五彩螺钿婴戏图方角柜

清早期（1644～1735年）

横127、纵57、高187厘米

中国文物信息咨询中心藏

柜身取四面平式，通体黑漆地，以极薄的五彩螺钿镶嵌花纹，边框菱形开光，嵌折枝花卉及人物故事图，开光外为各种形式的几何锦纹，柜门以五彩螺钿及螺钿沙屑嵌楼阁风景及婴戏图，柜下设抽屉，嵌螺钿树石花卉图，壶门式牙条，包铜套足。此种工艺难度极高，清代后期少有人制作，具有特别重要的历史价值及艺术价值，定为国家馆藏壹级文物。

51　黑漆嵌螺钿描金云龙书架

明·万历（1573～1620年）

横157、纵63、高173厘米

故宫博物院藏

木制。格分三层，后有背板，通体黑漆洒嵌金银螺钿，沙地。三层背板前面描金双龙戏珠，间以朵云立水。通身边框开光描金赶珠龙，间以花方格锦纹地，屉板描金流云，两侧装壶门形描金串枝勾莲券口。黑漆嵌洒螺钿沙屑和黑漆嵌金银屑，将两种工艺合用此件，且加描金花纹，在明代大件漆家具中极为少见。具有特别重要的历史和艺术价值，保存完好，定为国家馆藏壹级文物。

52 黑漆嵌五彩螺钿书格

清·康熙·癸丑（1673年）

横114、纵57.5、高223厘米

故宫博物院藏

楠木制。通体黑漆地，以五彩螺钿和金银片托嵌成一百三十七块，六十六种不同的花纹图案，其中包括八种山水人物，二十二种花鸟草虫，三十六种图案锦纹。四腿镶凿铜镀金套足。在二层板穿带上刻“大清康熙癸丑年制”款。此器制作工艺水平高，是传世漆器家具中的精品。具有特别重要的历史、艺术价值，保存完好，定为国家馆藏壹级文物。

53 黑漆嵌螺钿格

清·康熙（1662～1722年）

横114.5、纵57、高213厘米

故宫博物院藏

木制。格分四层，上层中有立墙相隔，分为两面全敞及三面全敞的两个空间。另在一侧格间下悬一抽屉。第二层为四面全敞的格层，格板上置有一红漆描金拐角几。第三层的前后两面装带卷曲纹的直枨。第四层是四面全敞的亮格，每面均装卷珠纹券口，足间装直牙条，两端云纹牙头，足端包铜套足。通体髹黑漆地，边框及抽屉脸采用嵌薄螺钿片及彩绘花鸟山水图案。为清康熙年间的家具精品。具有特别重要的历史、艺术价值，保存完好，定为国家馆藏壹级文物。

54　黑漆描金嵌螺钿龙纹箱

明 · 万历（1573～1620年）

横66.5、纵66.5、高81.5厘米

故宫博物院藏

杉木制。通体黑漆地，以描金、彩绘、嵌螺钿加银片、铜片等手法饰云龙纹。箱体上开盖，下为16厘米深的平屉。前脸安插门，内装抽屉五具。平屉内有销，直抵插门上边。如欲开启抽屉，须先打开上盖，拉起插销，才能摘下插门，箱盖正面有铜扣吊，可锁。扣吊两旁及两侧面有桃形铜护叶，两侧箱壁中部有铜提环。此箱为皇帝外出时存贮衣物所用。箱面云龙纹用彩绘及镶嵌两种工艺制成。云纹用描金，龙纹分两色，一为螺钿加银片嵌成，一为金漆彩绘加铜皮嵌成。共有金银二色龙戏珠图案十四组，大小龙纹三十四条。余地用彩漆绘出海水江崖和流云，周围饰描金回纹边。黑素漆里，盖内正中刻“大明万历年制”楷书款。做工精细，一丝不苟，镶嵌螺钿及银片等薄厚均匀。为明代漆器家具中的精品。具有特别重要的历史、艺术价值，保存完好，定为国家馆藏壹级文物。

大明萬曆年製

55 戗金细钩填漆龙纹箱

明·万历（1573～1620年）

横95、纵63、高42厘米

故宫博物院藏

木制。盖顶隆起，箱底带托。通体朱漆地，盖面及四档中心各有黄漆地细钩戗金海棠式开光，开光内雕填海水云龙纹。“卍”字锦纹衬地，边饰开光填彩串枝莲。角“卍”字锦纹地，填漆彩灵芝皮球花。黑素漆里。外装铁镀金金银龙纹和云纹。面叶和提环工艺精细，甚为华丽，为明万历时的形制。具有特别重要的历史、艺术价值，保存完好，定为国家馆藏壹级文物。

56　黄花黎百宝嵌脸盆架

清（1644～1911年）

径71、前足高74.5、通高201.5厘米

故宫博物院藏

黄花黎木制。搭脑两端装玉龙头，通身凸嵌白色有光泽厚螺钿龙纹。中牌子用象牙、牛角、绿松石、寿山石、玛瑙、金、银等多种材料嵌山水人物。有人牵舞狮，有人捧珍宝，恰似职贡图。嵌工皆精巧绝伦。具有特别重要的历史、艺术价值，定为国家馆藏壹级文物。

57 黄花黎围屏

明（1368～1644年）

单扇宽55、高303.5厘米

文化部恭王府管理中心藏

屏风通体黄花黎木制。十二扇成套，屏风单扇五抹攒框，上眉板、腰板、下裙板以及绦环板以透雕两面作手法雕螭纹，纹饰线条流畅，生动活泼，具极高的艺术水平。屏风形体高大，材料难得，传世作品极少，具有特别重要的历史价值和艺术价值，定为国家馆藏壹级文物。

58　**黄花黎插屏式屏风（成对之一）**

明（1368～1644年）

横150、纵78、高245.5厘米

故宫博物院藏

黄花黎木制。抱鼓墩用两块厚木雕成。上树立柱，用站牙抵夹。与明《鲁班经匠家镜》中的图式相符。两立柱间安枨子两根，短柱中分，两旁装雕龙纹绦环板，枨下安“八”字形的披水牙子，浮雕龙纹。屏风插入立柱内侧槽口，可装可卸。它以边抹作大框，中用子框隔出屏心，嵌装四块窄长的绦环板，透雕两面作龙纹。屏心玻璃油画仕女图为清乾隆时期所配。在明代屏类家具中属上乘精品。具有特别重要的历史、艺术价值。保存完好，每件定为国家馆藏壹级文物。

59　汤鹏款铁花四扇屏　（四扇一堂）

清·康熙（1662～1722年）

单扇横42、高137厘米

故宫博物院藏

挂屏四扇成堂，硬木作框，背衬白色绸布。框内镶铁制梅花、菊花、荷花和牡丹，俗谓四季花卉，末署“汤鹏”铁制印章款。

汤鹏，字“天池”，清康熙时人，芜湖铁工，铁画艺术创始人。幼时与画家萧云从为邻居，暇辄观萧作画，萧恶其蠢，呵责之。汤愤曰，尔谓我不知画耶？乃锻铁作画。凡花鸟草虫，曲尽生致。又通作山水大幅。或合四面成一灯，锤铸之巧，前所未有。此后乾隆时的梁应达也擅长以铁作画，技法还在天池之上。《芜湖县志》、《金玉琐碎》、《古董琐记》等书均有记载。这件带有确切年款的铁画作品故宫现存仅此一件，十分珍贵。具有特别重要的艺术价值和历史价值，定为国家馆藏壹级文物。

60 紫檀镶竹雕山水小座屏

清·乾隆（1736～1795年）

横62、通高78.5厘米

故宫博物院藏

紫檀木制。外框光素，绦环板浮雕回纹，披水牙子雕云纹，龙纹站牙。屏心镶竹雕山居图，背面为竹雕观瀑图。是一件乾隆时精制的小型家具。具有特别重要的历史、艺术价值，保存完好，定为国家馆藏壹级文物。

61 红木框牙雕婴戏三羊插屏

清·乾隆（1736～1795年）

横33.8、屏心纵46.6、通高60厘米

故宫博物院藏

红木制座框，屏心为镶嵌镂雕染色象牙婴戏三羊图，屏背面洒金黄绢地，有行楷书五言秋山极天净诗，署朱延龄款。画面似清代画家姚宗翰稿，且制作极精。此器为清代中期佳作，具有特别重要的历史、艺术价值，保存完好，定为国家馆藏壹级文物。

62 **黄花黎嵌鸡翅木象牙山水屏风**

清 · 乾隆（1736～1795年）

横212、高172厘米

故宫博物院藏

黄花黎木制。独扇座屏风，边框雕回纹打洼起线。屏心天青色地，镶贴鸡翅木雕山石树木，染色象牙及玉石雕楼阁亭台、小桥流水及人物。须弥式屏座，浮雕勾莲纹，两端设“十”字形三面站牙。与黄花黎宝座（图版3）为一套，是乾隆三十六年（1771年）重修宁寿宫时精制的成堂家具，殊为难得。雕刻、镶嵌、色彩处理、造型结构，均达到当时的最高水平。具有特别重要的历史、艺术价值，保存完好，定为国家馆藏壹级文物。

63 紫檀嵌金玉花鸟挂屏

清·乾隆（1736～1795年）

长209、厚9.5、高118厘米

故宫博物院藏

紫檀木制。边框雕缠枝莲纹，背板裱蓝色纸，以金片作山石、树干，以碧玺作花卉和桃子。枝头上有白猿捧寿桃、玛瑙雕绶鸟，飞蝶、花叶等由金胎点翠而成。制作工艺精细，为乾隆时珍品。具有特别重要的历史、艺术价值，保存完好，定为国家馆藏壹级文物。

64 紫檀鸡鸡花卉挂屏

清·乾隆（1736～1795年）

长209、厚9.5、高118厘米

故宫博物院藏

紫檀木制。边框雕缠莲龙纹，背板裱蓝纸，金片作山，玛瑙雕石榴树，枝上有两只画眉鸟，树下有两只锦鸡，中间为牡丹花，二蝶飞于其间，花草叶子为金胎点翠所制。工艺精细，具有特别重要的历史及艺术价值，保存完好，定为国家馆藏壹级文物。

65 **紫檀嵌黄杨木雕云龙屏风**

清·乾隆（1736～1795年）

通高306、通长356、中屏宽139、侧屏宽91.7厘米

故宫博物院藏

紫檀木制。三屏式，紫檀木雕流云地，嵌黄杨木雕龙戏珠，双勾“卍”字方格锦纹边，光素边框，紫檀木凸雕龙凤三联毗卢帽，雕龙凤站牙，勾莲蕉叶纹“八”字式须弥座，黑光漆填嵌黄漆云龙背。做工精美，为乾隆时家具精品。具有特别重要的历史、艺术价值，保存完好，定为国家馆藏壹级文物。

66　紫檀嵌玉石花卉围屏

清·乾隆（1736～1795年）

横128、纵90、高106厘米

故宫博物院藏

紫檀木制。九联活页八字式。光素紫檀木边框，嵌凿绳纹铜线，屏心米黄色漆地。分联镶嵌各色玉石花卉，每联首均刻有清乾隆题诗，侧屏及上下端均做紫檀木雕开光勾莲花纹，每联各附紫檀木雕如意云边，勾莲毗卢帽。下设勾莲沿板，三联木座。黑漆描金云蝠屏背。画面章法谨严，气韵生动。具有特别重要的历史、艺术价值，保存完好，定为国家馆藏壹级文物。

67 根雕流云槎

明·正德（1506～1521年）

横257、纵320、通高86.5厘米

故宫博物院藏

木制。榻形，以一块树根稍作修整而成。坐落在六块楠木透雕凌云座上。槎面后部卷起处有明代赵宧光书写篆刻填绿“流云”二字，下署赵宧光题，并有“凡夫”一印。槎面及边缘刻明代董其昌、陈继儒，清代阮元、半园主人及现代王衡永题记五则。此器最初为明代正德时扬州新城康对山故物，曾陈于康山草堂。清代初期，江鹤亭购得其地，亦以千金购得流云槎。乾隆南巡两次至扬州观赏此槎。道光二十二年（1842年），为阮元购回修整，转赠其好友麟庆（即半园主人）运回北京，陈设于自己花园（半亩园）中。1958年，由其后人王衡永先生捐赠给故宫博物院。这类器物世间稀少，且保存完整，流传有绪，是一件难得的根雕艺术品。具有特别重要的历史、艺术价值，定为国家馆藏壹级文物。

贰级文物

68 紫檀嵌牙花卉宝座

清·乾隆（1736～1795年）

横113.5、纵78.5、高101.5厘米

故宫博物院藏

该宝座紫檀木边座，楠木面心，面下打洼束腰，齐牙条，拱肩直腿内翻马蹄。面上五屏式座围，转角处作出委角，并用铜质云纹面叶包裹，座面四角与四马蹄亦饰铜质云纹包角和云纹铜套足。座围正中饰天蓝色漆地，以周制手法嵌染牙菊花。其地子与菊花的色彩处理得当，收到艳丽明快的艺术效果。具有重要的艺术价值和历史价值，定为国家馆藏贰级文物。

69 紫檀嵌珐琅宝座

清·乾隆（1736～1795年）

横128、纵90、高106厘米

故宫博物院藏

紫檀木制。七屏式靠背扶手上嵌珐琅山水图案。束腰浮雕拐子纹，上下托腮浮雕莲瓣纹，腿和牙条镶嵌夔纹珐琅片。制作精细，是硬木家具结合珐琅工艺的典型作品，体现了清代乾隆时期的工艺特点和风格。具有重要的历史、艺术价值，保存完好，定为国家馆藏贰级文物。

70　**金漆龙纹宝座**

清·乾隆（1736～1795年）

横155、纵96.3、座高66.3、通高175.5厘米

故宫博物院藏

宝座楠木制。座面四面侧沿浮雕蝙蝠间斜“卍”字锦纹地，云龙纹上下托腮，中间为卷草纹束腰。下托腮的下部亦雕出蝙蝠间斜“卍”字锦纹地，与座面相呼应。牙条四边垂直，浮雕云纹及兽面纹。四角拱肩处雕兽头，三弯式腿，外翻龙爪抓珠。足下带须弥式托座，纹饰与面下束腰做法相同。座上为椅圈，共有九条金龙盘绕在六个金漆立柱上。椅背正中攒框镶心，正中圆形开光，浮雕蝙蝠及圆“寿”字。四角饰夔龙纹角花。靠背外侧下角，饰透雕云纹座角牙。上方饰透雕如意纹，当中盘正龙一，昂首张口，两侧各有翻转回旋的九条金龙盘绕在六根金漆立柱上。座前有脚踏，长112、宽32、高16厘米。拱肩，曲腿，外翻马蹄。整套宝座通体贴金罩漆，这种工艺，一般要贴两至三遍金箔，才能达到预想效果。贴金工序完成后，在外面罩一层透明漆，即为成器。由于其形体高大，显得异常雄伟庄重。原陈皇极殿，与两侧沥粉贴金龙纹大柱交相辉映，使整个大殿显得金碧辉煌。也正由于它非凡的气势，封建统治者把它作为皇权至高无尚的象征。具有重要的艺术价值和历史价值，定为国家馆藏贰级文物。

71　紫檀雕花宝座

清（1644～1911年）

横177、纵80.5、高107.5厘米

故宫博物院藏

紫檀木制。座围三屏式，靠背及两侧扶手围子上均刻锦地，上压密匝的卷莲纹，座面落堂作，装屉盘，细窄的束腰与牙板连为一体，系一木连做，牙板及腿足上浮雕颇具巴洛克风格的卷草纹，三弯腿，足端外翻，落在托泥之上。做工精细，为清代家具珍品。具有重要的历史、艺术价值，保存完好，定为国家馆藏贰级文物。

72 紫檀嵌玉花卉宝座

清（1644～1911年）

横76、纵103、高108厘米

故宫博物院藏

紫檀木制。七屏式靠背板上有舒卷式搭脑，紫檀边框内髹漆心，以各色玉石凸嵌成花卉、怪石。束腰有开光条孔，牙条及腿部边缘起灯草线，鼓腿膨牙式内翻马蹄，落在托泥上。座前有黑漆描金脚踏。从其造型及装饰手法看，为清代中期苏州一带为皇宫制作的贡品。具有重要的历史、艺术价值，保存完好，定为国家馆藏贰级文物。

73 紫檀嵌剔红靠背宝座

清（1644～1911年）

横104、纵84.5、通高103厘米

故宫博物院藏

紫檀木制。为三屏风式，紫檀雕回纹，背嵌剔红灵仙祝寿图。座面髹漆描金花卉，雕花束腰下承托腮。牙子、四足皆雕回纹。足下有托泥，座前附脚踏。此种雕漆与硬木相结合的家具，至乾隆时（1736～1795年）开始流行，有明确的时代特征。具有重要的历史、艺术价值，保存完好，定为国家馆藏贰级文物。

74　紫檀裱云龙纹缂丝宝座

清（1644～1911年）

横121、纵89.5、通高70厘米

故宫博物院藏

紫檀木制。以须弥座带腿足。靠背及扶手由七扇屏风组成。屏心裱彩色缂丝云龙深琛，中扇为正龙捧寿，余为行龙。须弥座四角各有宝瓶一个，四面安透雕龙纹花板。清代内务府档案有载：“雍正四年五月十二日，太监王安传旨：着做船上用的矮宝座一张，钦此”。按此件宝座尺寸矮于常式，大抵亦船上所用。据木器与缂丝的风格可断为雍正年间（1723～1735年）制品。缂丝及座面漆饰间虽有破损，仍具有重要历史、艺术价值，定为国家馆藏贰级文物。

75 **黑漆描金宝座**

清（1644～1911年）

横138.5、纵104、高107厘米

故宫博物院藏

“山”字形座围，描金云纹曲边，内、外两面均有描金山水图。靠背正中描画海屋添筹图。座面下有束腰，直牙条，正中及两侧菱形开光，饰描金山水风景。开光之间饰描金夔纹。四腿展腿式，外翻云纹足。具有重要的艺术价值和历史价值，定为国家馆藏贰级文物。

76 **填漆戗金龙纹罗汉床**

明 · 崇祯 · 辛未（1631年）

横183.5、纵89.5、座高43.5、通高85厘米

故宫博物院藏

该床形体取四面平式，壶门式牙板与腿足交圈。四腿甚粗壮，扁马蹄。通体红漆地，床身正面及左右雕填戗金双龙戏珠，间填彩朵云。床围正面及两扶手里外雕填戗金海水江崖，中间正龙一，双爪高举聚宝盆。两侧行龙各一，间布彩云及杂宝。床身背板后面雕填戗金栀子花、梅花及喜鹊。后背正中上沿线刻戗金“大明崇祯辛未年制”楷书款。具有重要的艺术价值和历史价值，定为国家馆藏贰级文物。

77　黑漆嵌螺钿罗汉床

明（1368～1644年）

横182、纵79.5、高84.5厘米

故宫博物院藏

木制。通体黑漆地，三面整板围子，厚螺钿嵌花鸟纹。牙条及腿足嵌折枝花卉。床身为四面平式，马蹄矮扁，床面为活板黑漆硬屉。床口牙板壶门式。造型凝重，镶嵌螺钿饱满。是明代山西漆工艺术的典型代表。具有重要的历史、艺术价值，保存完好，定为国家馆藏贰级文物。

78　黑漆嵌螺钿花鸟床

明（1368～1644年）

横207、纵112、高212厘米

故宫博物院藏

木制。通体黑漆嵌螺钿。四角矩形立柱，两侧有整板围子，顶部有盖，厚螺钿嵌花鸟图案，床面为髹黑漆木板硬屉。此类黑漆嵌厚螺钿家具多产于山西，是研究山西明代家具的宝贵实物。螺钿镶嵌面积大，图案生动。具有重要的历史、艺术价值，保存完好，定为国家馆藏贰级文物。

79 **黄花黎藤心床**

明（1368～1644年）

横218、纵100、背高39、面高49厘米

故宫博物院藏

黄花黎木制。三屏式床围，装壶门券口，床面藤心，面下束腰，壶门式牙板上浮雕卷草纹。三弯腿，涡纹足，腿足上浮雕卷草纹，为明代家具的特点。保存完好，具有重要历史、艺术价值，定为国家馆藏贰级文物。

80 **黄花黎“十”字连方围子罗汉床**

明（1368～1644年）

横198.5、纵93、高89.5厘米

故宫博物院藏

黄花黎木制。三面攒接“十”字连方围子。棂格双面打洼。面下束腰，拱肩三弯腿内翻马蹄。为明代中晚期作品。床面用木板贴台湾席，系原藤编软屉破损后改制。此器具有重要的历史、艺术价值，保存完好，定为国家馆藏贰级文物。

81　黄花黎六足折叠式榻

明（1368～1644年）

横208、纵155、高49厘米

故宫博物院藏

黄花黎木制。无围六足，大边在中间断开，用铁镀银合页连接，可以对折。中间两足的上端做成插肩榫，用一根横材连接成"H"形的支架，当榻展开时，足上榫与牙子拍合。折叠时，"H"形支架可取下。榻角四足可叠放牙条之内。榻为有束腰三弯腿内翻马蹄式，牙子及腿足浮雕卷草、花鸟、走兽纹。结构精巧，木材名贵，具有重要的历史、艺术价值，保存完好，定为国家馆藏贰级文物。

82　黑漆描金床

清·雍正（1723～1735年）

横185、纵83、高71厘米

故宫博物院藏

木制。通体髹黑漆，三屏式矮床围，透雕圆璧透孔及拐子纹。面下束腰，三弯腿，足端外翻。各部位饰描金精美花纹，富丽堂皇，有浓厚的雍正时期家具艺术风格。具有重要的历史、艺术价值，漆饰间有破损，定为国家馆藏贰级文物。

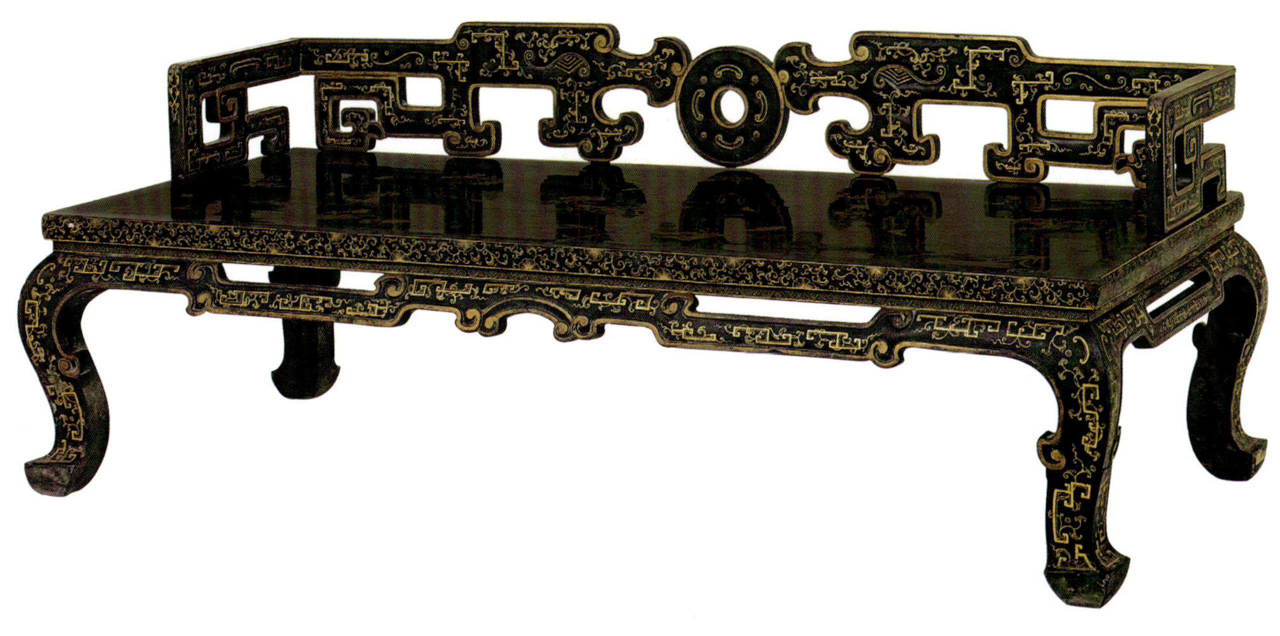

84　黄花黎嵌玉围子罗汉床

清早期（1644～1735年）

横210、纵105、高88厘米

故宫博物院藏

床身通体黄花黎木制。硬板床面，面下打洼束腰，鼓腿膨牙，内翻马蹄。面上三面围子，里外饰打洼线条。围子分上、下两部分，下部以白玉圆棍镶成竖棂，并间饰大理石方片。上部镶理石方片，间圆环卡子花。此器造型特点具浓厚的明式风格，唯四面牙条下稍带堂肚及拐子纹，意趣较晚，应为清代早期制品。具有重要的艺术价值和历史价值，定为国家馆藏贰级文物。

83 黑漆嵌瓷罗汉床

清早期（1644～1735年）

横216、纵107、高76厘米

故宫博物院藏

床身通体黑漆地，席心床面，正面床沿嵌四块青花春夏秋冬四季花卉。两腿嵌团凤及祥云。床面之上装床围，共嵌瓷板八块，瓷板与床围厚度相同，两面装饰青花山水风景图。镶入床围后可以两面观赏图案。据瓷器专家鉴定，此瓷片为清代康熙时期制品。具有重要的艺术价值和历史价值，定为国家馆藏贰级文物。

85　紫漆描金罗汉床

清（1644～1911年）

横205、纵110.5、高89.5厘米

故宫博物院藏

木制。黑漆地略泛紫色，屏式床围，外框描金回纹，板心描金山水人物楼台亭阁，画作极工。床围外侧及背面为描金折枝花卉。藤编软屉，腿内翻马蹄。据档案记载，清雍正至乾隆初年，清宫曾制作和采办大批金漆装饰家具。从造型特点、彩画风格看，应为雍正年间（1723～1735年）所制精品。具有重要的历史、艺术价值，保存完好，定为国家馆藏贰级文物。

86 紫檀雕荷花床

清（1644～1911年）

横224、纵132.5、高116.5厘米

故宫博物院藏

紫檀木制。三屏式床围。透雕荷花莲房纹，床面装屉盘，鼓腿膨牙。束腰腿足及肥厚的牙板处分别浮雕透雕荷花莲房纹，密不露地。构图严谨，雕刻精细，属清代早期作品，具有重要的历史、艺术价值，保存完好，定为国家馆藏贰级文物。

87 紫檀雕龙架子床

清（1644～1911年）

横256、纵169、高240.5厘米

故宫博物院藏

紫檀木制。有束腰，床围边起六根雕龙立柱，正面四根，立柱间有透雕云龙纹床围子，上部为透雕云龙纹挂檐床顶，上装透雕云龙纹毗卢帽，腿足及牙条饰高浮雕云龙纹，鼓腿膨牙大挖马蹄。紫檀大料难得，做成大器更难得。雕工精细，具有重要的历史、艺术价值，保存完好，定为国家馆藏贰级文物。

88 紫檀席心嵌黄杨木床

清（1644～1911年）

横191.5、纵107.5、高108.5厘米

故宫博物院藏

紫檀木制。有束腰，牙板雕玉宝珠，卷云马蹄坐在托泥上，牙板及腿部边缘起灯草线。床上为七屏式围子，以紫檀木边框嵌黄杨木板，雕山水人物。席心床屉。表现了清代家具风格。具有重要的历史、艺术价值，保存完好，定为国家馆藏贰级文物。

89　酸枝木嵌螺钿罗汉床

清晚期（1821～1911年）

横205、纵133.5、高120.5厘米

文化部恭王府管理中心藏

床体为酸枝木制成，床围及床面镶大理石，床身边框、板心、大边、牙条等部以螺钿镶嵌折枝或缠枝花纹，间杂宝纹。正面牙条下另安透雕双狮戏球纹及瑞鹿、仙鹤等花纹，并满嵌螺钿。嵌工精细，面积大，系清代末期螺钿家具中的大器。做工及艺术风格代表了清代后期的时代风格。存世量少，具有重要的历史、艺术价值，定为国家馆藏贰级文物。

90 酸枝木嵌螺钿架子床

清晚期（1821～1911年）

横228、纵158.5、高239厘米

文化部恭王府管理中心藏

架床通体酸枝木制。床面镶六块大理石，五方一圆。床边、束腰、牙条及花牙均嵌螺钿折枝花卉，四角有兽头腿，用料粗硕。面上四角立柱，三面镶床围，分段开光，浮雕人物故事及折枝花卉。床围外侧圆形螺钿开光，内外嵌螺钿折枝花卉。床架正面镶门罩，正中镶大理石心三块。周围透雕凤、雉鸡、麒麟等瑞兽、瑞鸟。两侧为透雕瓶梅及喜鹊，寓意“喜上眉梢”。床架周围嵌满花鸟、人物等图案。做工精细，螺钿镶嵌面积较大，在清代晚期已属罕见大器。为清代晚期的代表作品。具有重要的历史、艺术价值，定为国家馆藏贰级文物。

91 黄花黎一腿三牙方桌

明（1368～1644年）

横81.5、纵81.5、高70.5厘米

故宫博物院藏

黄花黎木制。桌面用材较宽，面下四面牙条，两端垂牙头。四腿圆柱形，束进桌面。侧脚收分明显。牙条下装高拱罗锅枨，独特之处在于四腿与桌面四角又另装一牙头，与桌边两个方向的牙条形成135度角，这样在每条桌腿上都有三只牙子，共同支撑桌面，俗称一腿三牙。为明式家具特点。具有重要的历史、艺术价值，定为国家馆藏贰级文物。

92 黄花黎方桌

明（1368～1644年）

横82.5、纵82.5、高82厘米

故宫博物院藏

黄花黎木制。面下打洼束腰，直腿内翻马蹄，四腿内有霸王枨与桌里穿带相连。在牙板与腿结合的拐角处，另装透雕龙纹托角牙子。造型古朴、简练，为典型的明式家具。具有重要的历史、艺术价值，定为国家馆藏贰级文物。

93 紫檀方桌

明（1368～1644年）

横92、纵92、高86厘米

故宫博物院藏

紫檀木制。桌面为喷面式，镶瘿木面心。面下有束腰，每面中部设抽屉一具。直牙条，牙下装以罗锅枨加矮佬形式变出的攒框。方形直腿，四足的马蹄系整料挖成。全身饰打洼线条。做工考究，形神兼备，突出表现了明式家具的气势和风度。具有重要的历史、艺术价值，定为国家馆藏贰级文物。

94 **黄花黎无束腰攒牙子方桌**

明（1368～1644年）

横102.5、纵103.8、高84厘米

故宫博物院藏

黄花黎木制。无束腰。用长短不同的直材攒接成四块棂格牙子，再用栽榫的方法将牙子安在桌腿之间。这种攒牙子，是从罗锅枨加矮佬的形式变化而来，为明式向清式过渡的作品，具有重要的历史、艺术价值，定为国家馆藏贰级文物。

95　黄花黎酒桌

明（1368～1644年）

横100、纵50、高80厘米

故宫博物院藏

黄花黎木制。小型案式。直牙条细窄无雕饰，高拱罗锅枨直抵牙条。两侧腿间装双横枨，均为圆材。四腿外撇，侧脚收分。此案形体修长，结构轻便。具有重要的艺术、历史价值，定为国家馆藏贰级文物。

96 **金漆圆转桌**

清·雍正（1723～1735年）

面径124、高89.5厘米

故宫博物院藏

木制。桌面葵花式，上饰描金花卉，面沿有抽屉。面下透雕夔龙纹花牙一周，正中为圆柱式描金花草纹独腿，分两节，上节以六个描金花角牙支撑桌面，下节以六个站牙抵住圆柱，下节圆柱顶端有轴，上节圆柱下端有圆孔，套在轴上，使桌面可左右转动。下承葵花式须弥座，座下为壶门式牙子带龟脚。具有重要的艺术、历史价值，定为国家馆藏贰级文物。

97 黑漆嵌螺钿长桌

清早期（1644～1735年）

横161、纵70、高86厘米

故宫博物院藏

木胎髹黑漆，桌面中心用彩漆绘荷花鸟石图。四周嵌薄螺钿锦纹地开光，开光内饰花卉、蝴蝶纹，桌四腿内安霸王枨连接腿足，牙条与腿转角处有透雕夔纹花牙，直腿内翻马蹄。牙条腿足饰花卉、蝴蝶纹。工艺精湛，色彩鲜艳，传世作品亦少见。具有重要的历史价值和艺术价值，定为国家馆藏贰级文物。

98　填漆戗金供桌

清早期（1644～1735年）

横135、纵101、高86厘米

故宫博物院藏

供桌长方形，双层桌面，四角带角牙。壸门式牙条与腿交圈，拱肩三弯腿，外翻卷云式足。上层桌面四边带拦水线，四边菱形开光，饰双龙戏珠纹。当中葵花式开光，以理沟戗金手法饰双龙戏珠纹，四角饰行龙纹。下层桌面镂二十四圆孔，孔周围饰朵云纹及龙纹。束腰分格镶绦环板，饰龙纹。牙条与腿饰龙纹，壸门牙曲边饰金漆。此桌结构与装饰繁缛，特别是金漆龙纹，雍容华贵，富丽堂皇，体现了皇家独有的气派。具有重要的艺术价值和历史价值，定为国家馆藏贰级文物。

99 红漆龙纹宴桌

清·乾隆（1736～1795年）

横82、纵52、高30厘米

故宫博物院藏

此桌为乾隆皇帝举行千叟宴时使用的宴桌。长方形，通体红漆地，以填彩漆手法装饰花纹。四边起拦水线，拦水线内填黑漆回纹边，当中菱形开光，填彩正龙，正中圆“寿”字，周围散布流云。开光外填彩各种形体的长“寿”字。面下有束腰，膨牙三弯腿，外翻马蹄。均以填彩手法饰龙纹及云纹。具有重要的艺术价值和历史价值，定为国家馆藏贰级文物。

100　紫檀雕花长桌

清中期（1736～1820年）

横208、纵64、高93厘米

故宫博物院藏

紫檀木制。无束腰，腿与面粽角榫结构，四面齐平。桌沿下牙子透雕拐子式云纹，当中打洼，桌沿与腿边缘起线，中间微微鼓起，俗称混面单边线。方材直腿，回纹马蹄。材质珍贵，制作亦精细，在传世古典家具中具有重要的历史价值和艺术价值，定为国家馆藏贰级文物。

101　紫檀描金梅花长桌

清中期（1736～1820年）

横167、纵70、高87厘米

故宫博物院藏

通体紫檀木制。面下束腰，饰洒金嵌螺钿蝠纹及缠枝莲纹。束腰下装托腮，曲形牙条，中央垂洼堂肚。方材直腿，面沿、牙条及腿上均有张照描金绘灵芝、梅、兰、竹、菊等花卉纹饰。面沿及牙条正中阴刻填金张照题诗及款识。回纹足。张照（1691～1745年），字得天，号泾南，自号天瓶居士，江苏人，清康熙年间进士，历康熙、雍正、乾隆三朝，官至内阁学士、刑部尚书。擅书画，为“馆阁体”代表书家，常为乾隆代笔。此桌所饰诗画，出自张照手笔。是家具与书画巧妙结合的成功尝试。具有重要的历史价值和艺术价值，定为国家馆藏贰级文物。

102 紫檀雕花有束腰半圆桌

清中期（1736～1820年）

直径110.5、高86.5厘米

故宫博物院藏

紫檀木制。半圆桌冰盘沿下有束腰，束腰上有六块凸起条带，条带上雕龙纹，牙板及桌腿上部浮雕西番莲，桌腿与牙子间有透雕龙纹角牙，牙子中间垂洼堂肚，桌腿两边起阳线，雕双回纹足，足间有四面平底枨，镶透雕龙纹屉板，做工精细，具清中期风格。具有重要的历史、艺术价值，定为国家馆藏贰级文物。

103 棕竹嵌玉长桌

清中期（1736～1820年）

横146.5、纵40.5、高86厘米

故宫博物院藏

柴木作胎骨，通体包镶棕竹，黑素漆面，四边镶嵌青玉蝙蝠和“寿”字，面沿、桌腿边缘的棱角镶紫檀木丝，桌沿、束腰、腿牙镶竹黄片，并雕回纹，牙板与牙条之间镶黄杨木条，镂雕“卍”字锦纹，棕竹皮薄如纸。竹黄难以剥取，加工难度大，加上嵌玉工序，工艺难度更高。整体造型美观，器身艳丽，为清中期家具艺术精品。具有重要的历史、艺术价值，定为国家馆藏贰级文物。

104 黄漆海屋添筹图炕桌

清中期（1736～1820年）

横108、纵77、高34厘米

故宫博物院藏

宴桌长方形，边缘起拦水线，并以金漆描饰方格纹。束腰开出长条形透孔，束腰下衬莲瓣纹托腮。直牙条，边缘镂出如意纹曲边。拱肩直腿内翻马蹄，方形小垫脚。牙条与腿以填彩漆手法饰花卉纹。此桌最突出的纹饰是桌面当中的图案，它是以多色彩漆描绘历史神话故事“海屋添筹”图。此故事出自宋代苏东坡的《东坡志林》，“尝有三老人相遇，或问之年，一人曰：吾年不可记，只忆得少年时与盘古有旧；一人曰：事年不可记，只知吾所食蟠桃，弃其核于昆仑山下，如今已与昆仑山齐矣；一人曰：海水变桑田，事辄下一筹，尔来吾筹已积满十间屋。”后来人们把这个故事绘成图案，用于祝颂长寿。具有重要的艺术价值和历史价值，定为国家馆藏贰级文物。

105 紫檀雕梅花长桌

清（1644～1911年）

横176、纵44.5、高90厘米

故宫博物院藏

紫檀木制。冰盘沿，束腰、托腮、腿、足部遍雕连枝梅花，似缠绕桌体。具清乾隆时期风格。具有重要的历史、艺术价值，定为国家馆藏贰级文物。

106　紫檀菠萝漆面独腿圆桌

清（1644～1911年）

直径101、高90厘米

故宫博物院藏

紫檀木制。面心髹菠萝漆心。圆柱式桌腿分两节，上以六个拐子纹花牙支撑桌面，下节圆柱坐在圆形须弥座上以六个拐子纹站牙抵夹，下节圆柱顶端有轴，上节圆柱下端有圆孔套在轴上，桌面可转动。据清代档案记载，乾隆十八年（1753年），九江关唐英进紫檀菠萝漆圆桌两件。做工精细，具有重要的历史、艺术价值，定为国家馆藏贰级文物。

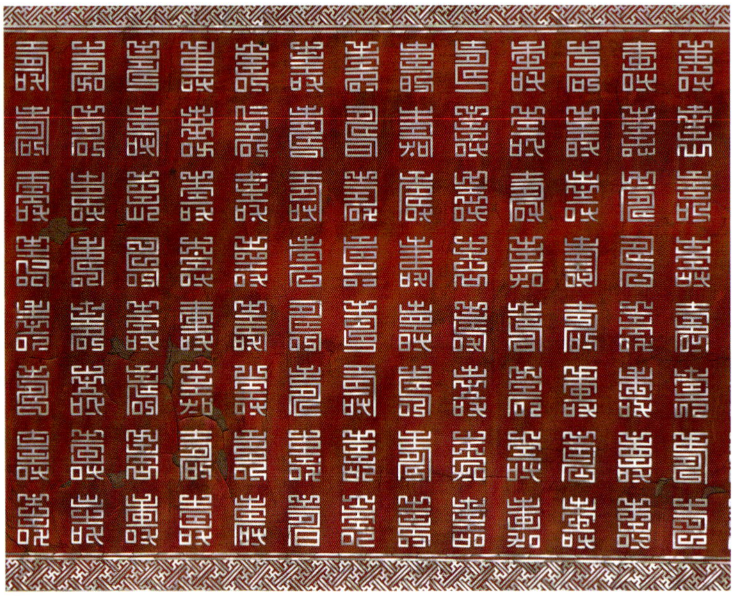

107　红漆嵌螺钿炕桌

清（1644～1911年）

横96.5、纵63、高29厘米

故宫博物院藏

木制，通体嵌螺钿。桌面边沿嵌螺钿“卍”字锦纹，面心嵌螺钿各种“寿”字120个，寓意“万寿无疆”。束腰处嵌团“寿”及长“寿”字，牙子及四足上满布嵌螺钿蝙蝠、寿桃、团“寿”及方“寿”字，寓意“福寿双全”。是一件精美的清代宫廷家具。具有重要的历史、艺术价值，定为国家馆藏贰级文物。

108　黄花黎无束腰折叠式炕桌

清（1644～1911年）

横89.5、纵58.5、高30厘米

故宫博物院藏

黄花黎木制。四边接牙条，铁镂金饰件包角，四角内安活腿以合页连接，两侧腿间各有横枨两根，上层横枨中间安镂空铁花板一条，有轴可开合，使用时腿足支起，将横枨上铁花板启开成“丁”字形，活腿即可固定，不用时将铁花板与横枨并合桌腿即可卧入桌面内。此类矮桌便于行旅之用，具雍正、乾隆年间风格。具有重要的历史、艺术价值，定为国家馆藏贰级文物。

109 **朱漆描金供桌**

清（1644～1911年）

横130、纵80、高92厘米

故宫博物院藏

此器为佛堂专用家具。面长方形，两端带翘头，两侧案腿缩进安装，四腿与面髹红漆。两侧腿间装一整块牙板，下部垂云纹洼堂肚。牙板透雕云龙纹，下部海水江崖。腿外装托角牙条，透雕祥云纹。除案面及四腿外，所有透雕牙板、牙条均以罩金漆手法制作，给人以金碧辉煌、庄重肃穆的气质和风度。具有重要的艺术价值和历史价值，定为国家馆藏贰级文物。

110 酸枝木嵌紫石面长方桌

清（1644～1911年）

横83.7、纵56.5、高85.3厘米

山西省太谷县三多堂博物馆藏

酸枝木制。面心嵌紫石。面下有束腰，浮雕炮仗条，下衬托腮，牙条浮雕宝珠纹，两侧与腿相交的拐角处镶透雕夔纹托角牙，直腿方形回纹马蹄。清末风格，整体构件完整无损，代表了清代嘉庆至道光时期风格。具有重要的历史、艺术价值，定为国家馆藏贰级文物。

111 黄花黎活榫结构灵芝翘头案

明（1368～1644年）

横216.5、纵44.5、高82.5厘米

中国文物信息咨询中心藏

通体黄花黎木制。案面独板完整无缺，牙条与腿夹头榫结构，案面、牙条、腿足均取活榫开合结构，面下素牙板与云纹牙头一木连做，前后牙板末端封以堵头，牙板牙头边缘起阳线，方材直腿，外侧饰混面压边线。前后腿间镶挡板，锼空上翻如意云头，腿下带托泥，侧角收分明显。造型稳重大方，具浓厚的明式神韵。具有重要的历史价值和艺术价值，定为国家馆藏贰级文物。

112 紫檀有束腰几形画案

明（1368～1644年）

面横171、纵74.4、高84厘米

故宫博物院藏

紫檀木制。仿几形，足下有横材相连，横材中部翻出灵芝纹云头，除桌面外遍体雕灵芝纹，丰腴圆润，当为名匠制作。时代风格明显，具有重要的历史、艺术价值，定为国家馆藏贰级文物。

113　杉木包镶竹黄画案

清·乾隆（1736～1795年）

横194.2、纵82、高65厘米

故宫博物院藏

杉木制。通体包镶竹黄。回纹透空案牙，四角上端不通案面，而与案牙连接，将竹黄镶贴到大型桌案上及四足不直接承托案面的结构，是乾隆时期首创的工艺。具有重要的历史、艺术价值，定为国家馆藏贰级文物。

114 紫檀雕回纹炕案

清中期（1736～1820年）

横91、纵35、高32厘米

故宫博物院藏

案面攒框镶板，侧沿饰绦环，浮雕回纹。面下直牙条，上雕回纹，牙头镂成如意云头形，腿面亦雕饰回纹绦环板，侧面两腿间安有横枨，镶长方券口，券口两面起凸线一圈，内外浮雕回纹一匝。下承须弥式托座，带龟脚。具有重要的艺术价值和历史价值，定为国家馆藏贰级文物。

115　桦木圭式案

清（1644～1911年）

横145、纵70、高48.5厘米

故宫博物院藏

桦木制。形似古代礼器“圭”。案面一端呈半圆形，一端平直，面心嵌影木，面下两几相承，一方一圆。方几两侧设抽屉，案足均刻回纹，为清代雍正至乾隆时期风格。具有重要的历史、艺术价值，定为国家馆藏贰级文物。

116　黄花黎高束腰六足香几

明（1368～1644年）

横50.5、纵39.2、高73厘米

故宫博物院藏

黄花黎木制。曲沿，似荷叶，高束腰，分上下两层，饰绦环和托腮，绦环板上透雕云纹，下开鱼门洞，牙子披肩式，腿足下半卷转特甚，尽端雕出花叶，下削圆球，落在台座上，造型罕见，为典型的明代家具风格。具有重要的历史、艺术价值，定为国家馆藏贰级文物。

117　金髹三足凭几

清 · 康熙（1662～1722年）

面横88、纵9、高37.5、通高47厘米

故宫博物院藏

木制。古代席地而坐时常用的家具，魏晋南北朝最为盛行，此后渐稀，明清时已少见，此为康熙年间所制。凭几弧形，坐时置膝前，正面金髹高浮雕龙纹，内分三格，嵌象牙雕苍龙教子图，作吐水状，曲腿外翻成马蹄状，构思巧妙，装饰华丽。具有重要的历史、艺术价值，定为国家馆藏贰级文物。

118　紫漆彩绘镶斑竹炕几

清 · 雍正（1723～1735年）

横123、纵49、高38.5厘米

故宫博物院藏

木制。面下牙子和四腿用斑竹攒成拐子纹，几面紫漆描金彩绘山水、松鹤延年。清内务府档案记载“雍正十年六月二十七日，据圆明园来帖内称:本日内大臣望海奉上谕:着传旨年希尧……再将长三尺至三尺四寸，宽九寸至一尺，高九寸至一尺案亦做些，或彩漆、镶斑竹，款式亦要文雅，钦此”，即此类家具。对研究清前期漆家具艺术有重要的历史价值，定为国家馆藏贰级文物。

119 紫檀小炕几

清早期（1644～1735年）

横89.5、纵29、高32厘米

故宫博物院藏

紫檀木制，案形结构。几面边抹侧沿为劈料作。紧贴几面处做二劈料裹腿托带，下有裹腿罗锅枨加矮佬枨，中间加长方券口。四角另安矩形角牙与腿相交，形成一腿三牙。四腿微外撇，成四劈八叉式，腿面为芝麻梗式四劈料。此几结构、做法均仿照竹藤制品，风格独特，为清代早期制作的明式家具珍品。具有重要的艺术价值和历史价值，定为国家馆藏贰级文物。

120 黄花黎方香几

清·乾隆（1736～1795年）

横33.5、纵33.5、高92厘米

故宫博物院藏

黄花黎木制。几面侧沿打洼，棱角处斜起四层线，上下高束腰，透雕回纹，束腰上下饰托腮，下为方形框架，四角粽角榫，拱肩直腿带撇角，并饰随形细线，为清代乾隆时期家具精品。具有重要的历史、艺术价值，定为国家馆藏贰级文物。

121 楠木包竹丝香几

清·乾隆（1736～1795年）

横42.8、纵42.8、高71.3厘米

故宫博物院藏

楠木制。除几面与托泥外均包镶竹丝，不露胎骨，凡棱角处均嵌紫檀木条，束腰处包镶竹皮嵌龙纹玉片，腿、牙包镶紫檀轮廓，内满嵌竹丝，图案色调鲜明悦目，工艺精良，为乾隆年间所制。具有重要的历史、艺术价值，定为国家馆藏贰级文物。

122 紫檀雕龙纹香几

清·乾隆（1736～1795年）

横41.5、纵29、高92厘米

故宫博物院藏

紫檀木制。长方形，高束腰，长边正中装矮佬，周围镶绦环板六块，饰高浮雕龙纹，束腰下承托腮，牙子及腿足间以圆雕加透雕手法雕刻龙纹及云纹，形象生动，下为八达马式底座。这种工艺，从制图到雕刻，难度极大，为清代乾隆时期所制。具有重要的历史、艺术价值，定为国家馆藏贰级文物。

123　黄花黎六方形南官帽椅　（四件成堂之一）

明（1368～1644年）

座横78、纵55、高83厘米

故宫博物院藏

黄花黎木制。呈六方形，六足。是南官帽椅中的变体。搭脑、扶手、腿足上节和联帮棍都做出瓜棱式线脚，略带弯曲。靠背板三段攒框打槽装板，边框做出双混面。上段透雕云纹，中段镶板，最下饰云纹亮脚。座面以下的边抹饰双混面压边线。腿足外面起瓜棱线。足间用劈料式管脚枨，造型稳重大方，具有重要的历史、艺术价值，定为国家馆藏贰级文物。

124 **黄花黎雕“寿”字南官帽椅**

明（1368～1644年）

横60、纵46、高109厘米

故宫博物院藏

黄花黎木制，拱梁搭脑。椅背攒框镶板，分格饰透雕云纹，浮雕“寿”字等装饰。扶手微向外弯，前端格角软弯，下设矮栏，座面硬板，落堂踩鼓。面下三面装券口牙子，正面取壶门式，浮雕卷草纹。两侧为方缘券口。腿间施步步高赶枨。四腿侧脚收分明显，稳重大方，为标准的明式风格。且木质珍贵，具有重要的历史和艺术价值，定为国家馆藏贰级文物。

125　黄花梨壶门牙子南官帽椅（一对）

明（1368～1644年）

横62、纵54、高117厘米

中国文物信息咨询中心藏

通体黄花黎木制。搭脑与扶手软圆角结合，后背微向后弯，形成100度至105度的背倾角，背板曲线形，是依人体脊背自然曲线设计而成的，具有极高的科学性。座面席心，面下装壶门券口，足间装步步高赶枨，四腿侧角收分明显，极具稳定感，为明式家具的标准造型。具有重要的历史价值和民俗价值，每件定为国家馆藏贰级文物。

126 黄花黎官帽椅

明（1368～1644年）

横59.5、纵47.5、高120厘米

故宫博物院藏

黄花黎木制。搭脑、扶手出头，属四出头式官帽椅。搭脑中间高，两头低，尽端向上翘起。靠背板随人体后背自然曲线做出曲弯。扶手、联帮棍及鹅脖均做柔和的软弯。座面藤心，面下装罗锅枨加矮佬，四足直下，足间施步步高管脚枨。造型简练、结构严谨，有鲜明的明代家具风格。具有重要的历史、艺术价值，定为国家馆藏贰级文物。

127 黄花黎南官帽椅

明（1368～1644年）

横61.5、纵47、高92.5厘米

故宫博物院藏

黄花黎木制。席心椅面，座面以上的椅柱、搭脑、扶手、联帮棍全部呈曲线形，后背板作成“S”形，是根据人体脊背的自然弯曲特点设计的。面下装罗锅枨加矮佬，直腿，侧脚收分明显。腿间安管脚枨。左右及正面为双枨，后面安单枨。这种做法在明代及清初使用较为普遍。具有重要的艺术价值和历史价值，定为国家馆藏贰级文物。

128 **黄花黎雕龙纹藤心椅**

明（1368～1644年）

横46、纵46、高88厘米

故宫博物院藏

黄花黎木制。靠背较低，北方匠师称玫瑰椅，南方称文椅。后背镶透雕两面作板心。正中图案由“寿”字组成，两旁各雕龙纹三条，布满整个空间。扶手下安花牙，椅盘下安浮雕龙纹及拐子纹券口，藤心座面，四腿侧脚收分明显。造型美观大方，雕刻圆滑，生动活泼，是明清之际较为流行的椅子式样。具有重要的历史及艺术价值，定为国家馆藏贰级文物。

129 **黄花黎雕螭纹圈椅**

明（1368～1644年）

横63、纵45、高103厘米

故宫博物院藏

黄花黎木制。弧形椅圈，自搭脑伸向两侧，通过后边柱又顺势而下，形成扶手，间饰流云背板稍向后弯曲，形成背倾角，颇具舒适感。整块背板以起地浮雕法饰双螭纹。四角立柱与腿一木连作。“S”形联帮棍，席心座面。面下四腿外圆内方，镶壶门式券口牙子，浮雕卷草纹。四腿间安步步高管脚枨，有明显的侧角收分。为明式椅子的常见式样。具有重要的艺术价值和历史价值，定为国家馆藏贰级文物。

130 紫檀玫瑰椅

明（1368～1644年）

横59.5、纵45.5、高93厘米

故宫博物院藏

紫檀木制。整体框架均用圆材。靠背低，打槽镶板，正中开光亮洞，周围浮雕龙纹图案，藤心椅面。四腿直下，侧脚收分明显。面下不用牙条，而用罗锅枨，是明代晚期颇为流行的椅子样式。造型美观，材质珍贵。具有重要的历史、艺术价值，定为国家馆藏贰级文物。

131 **黄花黎肩舆**

明（1368～1644年）

横64、纵58、高107.5厘米

故宫博物院藏

黄花黎木制。肩舆的形制与圆后背圈椅类似。靠背板、鹅脖及联帮棍上均饰有夔纹牙子。靠背板之下有亮脚，左右后三面嵌装四段带有炮仗洞开孔的绦环板。下为高束腰，亦饰炮仗洞开光。座面之下的腿足间装券口，足端踩在长方形高束腰台座上。肩舆的座面、束腰及台座的四边均嵌有铜镀金包角。造型特点具有明代圈椅的风格。做工精细，在传世家具中属少见的品种。具有重要的历史、艺术价值，定为国家馆藏贰级文物。

132 紫檀有束腰圈椅（五件成堂之一）

明末清初

横63、纵50、高99厘米

故宫博物院

紫檀木制。弧形椅圈。背板攒框镶心，上端透雕卷草，下端锼出云纹亮脚。四角镶角牙，座面藤心，面下束腰，与常见明代圈椅做法不同。鼓腿膨牙，内翻马蹄，带托泥。新奇之处在于四腿与面上四角立柱一木连作，还将扶手外侧和腿足两侧本该剔去的木料透雕成卷草，既起到加固作用，又起到美化装饰作用。设计精巧、新颖，造型稳重，艺术水平颇高，且材质珍贵，存世量少。具有重要的历史和艺术价值，定为国家馆藏贰级文物。

133 黑漆金髹龙纹交椅

清早期（1644～1735年）

横52.5、纵41、高105.5厘米

故宫博物院藏

木制。椅圈及前后腿髹黑漆，唯背板、牙子及腿间牙子两面髹金。圆形椅圈，有高低起伏，扶手处圆雕龙头，罩金漆。靠背板正面高浮雕双龙戏珠，背面浮雕道教五岳真形图，衬以云水纹。椅圈及扶手下均雕流云牙子。腿间透雕龙纹花牙，下有踏床。椅面为丝绳编成。为康熙至雍正年间精品。具有重要的历史、艺术价值，定为国家馆藏贰级文物。

134 紫檀梳背式扶手椅

清早期（1644～1735年）

横56、纵45、通高89厘米

故宫博物院藏

紫檀木制。通体用方材，靠背、扶手略带弯曲。座面下施罗锅枨加矮佬，足间施罗锅式管脚枨。造型、工艺为清代康熙、雍正时期（1662～1735年）的风格。属明式向清式过渡转型的代表作品。具有重要的历史、艺术价值，定为国家馆藏贰级文物。

135 紫檀七屏风式扶手椅

清 · 雍正至乾隆（1723～1795年）

横52、纵41、高82.5厘米

故宫博物院藏

紫檀木制。通体用圆材。靠背扶手仿窗棂灯笼锦做法，座面下罗锅枨加矮佬与上下围子相呼应，风格谐调。木材珍贵，做工精细，榫卯精密。为清代雍正至乾隆年间制品。具有重要的历史、艺术价值，定为国家馆藏贰级文物。

136 紫檀嵌桦木扶手椅

清·雍正至乾隆（1723～1795年）

横64.5、纵50、高110.5厘米

故宫博物院藏

紫檀木制。靠背、扶手呈七扇屏风式，靠背、扶手以攒框镶心手法，上端做出如意云头，中间镶桦木影子心，浮雕道教五岳真形图。靠背三组，两侧扶手各一组。面下有束腰，牙条下加回纹牙子。做工精细，当为清代雍正至乾隆时期制品。具有重要的历史、艺术价值，定为国家馆藏贰级文物。

137 紫檀雕西洋花式椅

清 · 乾隆（1736～1795年）

横56、纵52、高110厘米

故宫博物院藏

紫檀木制。靠背、扶手呈五屏风式，如意形搭脑，靠背板和扶手上遍雕西番莲。面下有束腰，壶门牙及腿部雕西番莲叶，腿从上至下呈三弯式，四足落在托泥上。这种在中国传统硬木家具上装饰西洋式花纹椅，是清代雍正至乾隆时期中西文化交流在家具上的体现。具有重要的历史、研究价值，定为国家馆藏贰级文物。

138　紫檀嵌桦木雕竹节椅

清·乾隆（1736～1795年）

横64、纵49.5、高107厘米

故宫博物院藏

紫檀木制。靠背及扶手为紫檀边框，均圆雕竹节纹，内镶桦木心。桦木心被紫檀框分成如意和回纹状。有束腰，束腰下牙条及腿亦浮雕竹节纹。四面平式管脚枨，浮雕竹节纹。具有重要的艺术价值和历史价值，定为国家馆藏贰级文物。

139 鹿角椅

清中期（1736～1820年）

横91、纵75.5、高130厘米

故宫博物院藏

该椅用鹿角制成。造型别致，四足用四只角制成，角根部分作足，正好形成外翻马蹄。前后两侧每腿向里横生一叉，构成支撑座面的托角牙。座面黄花黎木制成。两侧及正面微向内凹，外沿用牛角片包镶成两条素混面，当中嵌一道象牙条。座面周围镶骨雕卷云纹花牙，与椅圈连接。椅圈用一只鹿的整角制成。两只角的根部还连在头盖骨上。正中用鹿角做边框，将座面与搭脑连为一体。当中嵌木板，刻乾隆帝御制鹿角椅诗，末署“乾隆壬辰（1772年）季夏中瀚御题”。该椅制作不专为使用，从题诗内容看主要是教育后代不忘骑射武功。对研究清代历史及风俗有重要意义，具有重要的历史、艺术价值，定为国家馆藏贰级文物。

140　苏式紫檀描金扶手椅

清中期（1736～1820年）

横67、纵57、高104厘米

故宫博物院藏

靠背、扶手皆用小块木料做成拐子纹，边框上以金漆描绘蝙蝠、缠枝花纹，寓意“万福”。座面贴草席。面下束腰浮雕绦环线，描金花卉纹。束腰下有托腮，牙条正中垂洼堂肚，拱肩直腿内翻回纹马蹄。牙条与腿结合处安云纹角牙。造型及风格特点体现了清代苏式风格。具有重要的艺术价值和历史价值，定为国家馆藏贰级文物。

141 紫檀扶手椅

清中期（1736～1820年）

横60、纵42、高89厘米

故宫博物院藏

紫檀木制。座面方中带圆，如意云头式搭脑与两侧扶手的云头纹勾卷相连。靠背板正中以玉镶嵌花卉纹，下端锼出壶门亮脚。面下束腰雕连环云头纹，下有托腮。披肩式洼堂肚牙子，浮雕鱼水纹。外翻如意式四足，下承委角方形托泥，如意云头纹龟脚。造型美观，用材大气。具有重要的历史价值和艺术价值，定为国家馆藏贰级文物。

142 鸡翅木扶手椅

清中期（1736～1820年）

横66.5、纵50.5、高108.5厘米

故宫博物院藏

鸡翅木制，八件成堂。靠背板及扶手透雕螭纹，正中嵌墨玉，阴刻填金正龙纹。面下有束腰，牙条与腿的转角处装透雕螭纹托角牙。方腿内侧起阳线，四腿间有管脚枨。内翻回纹马蹄。纹饰生动传神，设计新颖，且保存完好。有重要的历史价值和艺术价值，定为国家馆藏贰级文物。

143 棕竹漆面扶手椅

清（1644～1911年）

横65、纵51.5、高93.5厘米

故宫博物院藏

棕竹制。靠背、扶手仿窗棂灯笼锦，俗称拐子纹。背板髹黑漆，正中嵌两块青玉饰片。一作菱形，一作长方形，雕云龙。座面及侧沿描金漆卷草及拐子纹，四腿及枨子或四劈料，或二劈料攒成。牙条、枨子下部及扶手、靠背的空当处，皆以湘妃竹攒成拐子纹镶嵌花牙。棕竹纹和湘竹纹外露的断面都以象牙片封堵。具有重要的艺术价值和历史价值，定为国家馆藏贰级文物。

144　酸枝木嵌螺钿扶手椅

清晚期（1821～1911年）

横82、纵87、高108厘米

文化部恭王府管理中心藏

酸枝木制。曲边搭脑，圆形后背，环内环外以透雕手法饰鸟兽花卉纹，边框、扶手及花纹以螺钿镶嵌，面下打洼束腰，牙条下饰透雕花牙并嵌满螺钿，展腿式四腿，外翻云纹式足，内面平饰管脚枨。这种平嵌螺钿的手法，流行于清代晚期，具典型的清末风格。具有重要的历史价值，定为国家馆藏贰级文物。

145 **酸枝木嵌石心螺钿扶手椅**

清晚期（1821～1911年）

横68.4、纵51.6、高103.4厘米

文化部恭王府管理中心藏

酸枝木制。靠背搭脑作曲边式，拐子纹边框，当中镶圆形开光，嵌大理石心，两侧及扶手饰透雕喜鹊梅花，座面镶大理石心，牙条及腿嵌螺钿折枝花卉，下装透雕喜鹊梅花花牙，兽头式拱肩，鹰爪式足，四面平式管脚枨。做工精细，装饰华丽，代表了清代晚期的工艺特点，具有重要的历史价值，定为国家馆藏贰级文物。

146 紫檀漆心大方杌

明（1368～1644年）

横63.5、纵63.5、高49.5厘米

故宫博物院藏

座面边抹与四足用粽角榫连接，黑漆面心。边抹中部下垂成鱼肚式。直腿内翻马蹄，腿间施罗锅枨。此杌造型线条流畅圆润，尽显材质的自然美。有重要的艺术价值和历史价值，定为国家馆藏贰级文物。

147　**黄花黎藤心大方杌**

明（1368～1644年）

横67、纵67、高51厘米

故宫博物院藏

座面四角攒边框，镶藤心。腿间安双层罗锅枨，上层一根直抵座面。面沿、腿足、罗锅枨均为劈料作，系模仿竹藤类家具的自然特点，为明式家具的一种线脚装饰方法。虽无雕刻，而装饰效果很强。具有重要的艺术价值和历史价值，定为国家馆藏贰级文物。

148 紫檀嵌绳纹方杌

清·乾隆（1736～1795年）

横50.5、纵50.5、高51.5厘米

故宫博物院藏

紫檀木制。杌面方形，下有束腰。腿间镶绳纹券口，券口内缘起阳线，腿足直下，内翻回纹马蹄。足底施管脚枨。此杌造型端正平直，雕饰精美，为清代家具精品，材质珍贵。具有重要的历史、艺术价值，定为国家馆藏贰级文物。

149 紫檀嵌珐琅绣墩

清·乾隆（1736～1795年）

直径28、高52厘米

故宫博物院藏

紫檀木制。呈花鼓形，鼓墩上下各雕弦纹和鼓丁。墩面及腹腔部位嵌花卉、龙纹图案的珐琅片多块，并点缀透雕蝙蝠多个。制作手法精湛，造型挺秀俊美，体现了清代乾隆时期的风格特点。具有重要的历史、艺术价值，定为国家馆藏贰级文物。

150　紫檀海棠式凳

清中期（1736～1820年）

横35、纵28、高52.5厘米

故宫博物院藏

凳面海棠花形，侧沿雕两道两头打结的细绳纹，面下打洼束腰，上雕蕉叶纹。牙条及腿部雕云龙纹，腿正面亦雕两道细绳纹。卷云形足，下承海棠式托泥，带龟脚。具有重要的艺术价值和历史价值，定为国家馆藏贰级文物。

151 黄花黎万历柜

明·万历（1573～1620年）

横92、纵59.5、高204厘米

故宫博物院藏

黄花黎木制。上层格正面及左右开敞，装三面券口牙子，雕双螭纹、回纹。边缘起线，券口下透雕夔纹栏杆。下部柜门为落堂踩鼓式，有白铜合页及面叶。柜下壶门牙雕卷草纹。此柜特点是上格下柜，为书房、客厅的必备用具。材质珍贵，保存完整，具有重要的历史及艺术价值，定为国家馆藏贰级文物。

152 黄花黎亮格柜

清早期（1644～1735年）

横106、纵51、高200厘米

故宫博物院藏

黄花黎木制。上部三面开敞，四边镶玉宝珠纹券口牙子。下部对开两门落堂镶平素板心，柜内设两抽屉，屉面中心配拉环。两腿间安直牙条，方腿直足。造型质朴，几无雕饰，因而显出黄花黎木的材质之美。其造型风格均属明式，而上格券口却是典型的清式特点，是明式家具向清式家具过渡转变的典型实例。具有重要的历史价值和艺术价值，定为国家馆藏贰级文物。

153 花梨云龙纹立柜

清（1644～1911年）

横77、纵38.5、高129厘米

故宫博物院藏

花梨木制。立柜柜门皆落堂踩鼓作，门心板对称雕云龙纹，边框雕灯草线，安如意云头形铜合页、铜锁鼻。柜门下绦环板亦雕云龙纹。四腿直下，雕灯草线直足。具有重要的艺术价值和历史价值，定为国家馆藏贰级文物。

154　紫檀雕暗八仙顶箱柜

清（1644～1911年）

横89.5、纵35.5、高161厘米

故宫博物院藏

紫檀木制。分上下两节，各装板门两扇。柜门打槽装板，浮雕暗八仙间云纹，顶箱柜门亦取落堂踩鼓做法，浮雕八宝云纹，上下柜门各镶铜錾花镀金合页及面叶。系清宫造办处做工，代表了清代雍正至乾隆时期家具的水平，材质珍贵，具有重要历史、艺术价值，保存完好，定为国家馆藏贰级文物。

155 黄花黎百宝嵌大四件柜

清（1644～1911年）

立柜横187.5、纵195、顶箱横187.5、纵72.5、高84、通高279厘米

故宫博物院藏

黄花黎木制。柜分两节，为四面平式，柜身上下正中各开两门，两旁装余塞板，用活销与柜连接，可装卸。柜身正面边框以螺钿镶龙纹。柜门板心嵌各色叶蜡石及螺钿人物、狮象及怪兽等，镶嵌件凸出器表，这种工艺俗称“周制”，代表了清早期镶嵌艺术水平。具有重要的历史、艺术价值，定为国家馆藏贰级文物。

156 紫檀嵌珐琅多宝格柜

清（1644～1911年）

横76、纵42、高185厘米

故宫博物院藏

紫檀木制。多宝格分三部分，架格的设计高低错落，每一架格均安装珐琅蕃莲拐子花牙，背部及格顶则镶有玻璃镜，架格之下设抽屉两具。两门对开，嵌五爪龙纹珐琅片。柜门之下装錾胎珐琅西蕃莲卷草纹牙条，多宝格的两个侧面，装饰蓝地云蝠纹掐丝珐琅片。造型美观，装饰华丽，为清代中期家具珍品。具有重要的历史、艺术价值，保存完好，定为国家馆藏贰级文物。

157 红漆描金心书格

明（1368～1644年）

横192.5、纵48.5、高211厘米

故宫博物院藏

格为方材，通体雕红漆地，以三块厚板分成四层格间，正面全敞，格的边框及格板框均为描金小桥流水、人物山石等风景图画。格下直牙条，鼓腿膨牙矮足。此格绘画做工极精。明代红漆描金家具保存至今的极为少见。具有重要的历史、艺术价值，保存完好，定为国家馆藏贰级文物。

158 紫檀多宝格

清·雍正至乾隆（1723～1795年）

横107、纵50、高155厘米

故宫博物院藏

多宝格边框紫檀木制。共四层，每层以隔断板错落间隔，隔断板髹黑漆，有如意云头形及各式花形开光。格板亦髹黑漆，边框细雕夔龙纹花牙。具有重要的艺术价值和历史价值，定为国家馆藏贰级文物。

159　紫漆描金多宝格（一对）

清·乾隆（1736～1795年）

横87、纵35、高161厘米

故宫博物院藏

木胎髹漆加描金彩绘。格分上下两部，共分七空，高低错落，可置大小珍玩十尊。上层设板门两扇，饰镀金铜件，隔板镂孔，各不相同。两山或饰开光洞，或镶镂空券口。后背板及柜门为金漆彩绘山水风景图。柜架描金锦纹及拐子纹。其余各部均饰描金花卉蝙蝠及皮球花三百余，无一相同。为清代乾隆时期精品。具有重要的历史、艺术价值，保存完好，定为国家馆藏贰级文物。

160　紫檀漆心描金多宝格

清·乾隆（1736～1795年）

横89、纵34.5、高122厘米

故宫博物院藏

紫檀木框架，正面开六孔，高低错落。左下方设一小橱，用门启闭。门板浮雕卷草纹。每格均有拐子纹券口及护栏，外侧亦然。背板及里侧立墙为紫漆地，饰描金山水风景及花卉纹。格顶面为描金卷草花卉纹。造型美观，做工精细，描金图案一丝不苟。属清代乾隆时期精品，具有重要的历史、艺术价值，保存完好，定为国家馆藏贰级文物。

161　竹丝镶玻璃小格

清 · 乾隆（1736～1795年）

横39、纵29.5、高48.5厘米

故宫博物院藏

小格齐头立方式。正面对开两扇门，门框饰回纹并镶贴竹丝，框内镶玻璃，呈对称“弓”字形。格内分左右两间，每间自上而下错落有致地悬着三个小抽屉，构思奇巧。两侧板亦饰回纹框镶玻璃。内翻拐子纹足。有重要的艺术价值和历史价值，定为国家馆藏贰级文物。

162 紫檀描金格（成对之一）

清中期（1736～1820年）

横54、纵18、高157厘米

故宫博物院藏

紫檀木制。多宝格齐头立方式。五层，每层有透雕夔纹花式栏杆。方板髹黑漆，描金绘折枝花卉及山水图。侧面板绘蝙蝠、葫芦，寓意“福禄万代”。后立板背面描金彩绘花鸟图。此格为一对，并排陈设。层与层相连，图纹相接，如同一体。且画工极精，非一般工匠所为，在同类器物中属上乘精品。有重要的艺术价值和历史价值，定为国家馆藏贰级文物。

163 **紫檀棂门柜格**

清（1644～1911年）

横101.5、纵35、高193.5厘米

故宫博物院藏

紫檀木制。分四层，上、下层四面透空，中间两层，每层分两间，一间三面有竖棂，正面无门，另一间有棂窗门，下一层的门在另一边。此柜格看上去四面透空而又有栏。以做工看，与明式柜格不同，应为清代初期制品。具有重要的历史、艺术价值，保存完好，定为国家馆藏贰级文物。

164 紫檀嵌玻璃书格

清（1644～1911年）

横99、纵44、高141厘米

故宫博物院藏

紫檀木作框架，框架空隙处以黄花黎木攒框镶心，正中三开，内镶玻璃心。格分三层。每层装双枨矮佬分为四格，镶紫檀椭圆玻璃心。两侧各镶绦环板三块，正中开光镶玻璃，四周浮雕龙纹。落曲齿下牙，带铜套足。牙子、枨子及四框均饰打洼委角线。属明向清过渡时的作品。具有重要的历史、艺术价值，保存完好，定为国家馆藏贰级文物。

165 铁梨木四屉橱

明（1368～1644年）

横114、纵51.5、高87厘米

故宫博物院藏

铁梨木制。装抽屉四具，屉脸分刻折枝花和吉祥草花纹，腿间有牙条紧贴承托抽屉的横枨。为典型的明代家具，具有重要的历史、艺术价值，定为国家馆藏贰级文物。

166 **黄花黎二屉闷户橱**

明（1368～1644年）

横85.3、纵45、高82厘米

文化部恭王府管理中心藏

柜橱案形结体，面下平设抽屉二具，屉下镶板是为闷仓，如需放物须取下抽屉，故名闷户橱。闷仓下装较宽的壶门牙条，浮雕卷草纹。四腿侧角收分明显，在腿与面的转角处另安浮雕卷草纹的牙条。此器在艾克《中国花梨家具图考》中曾有著录，具有重要的历史价值，定为国家馆藏贰级文物。

167 黄花黎连三橱

明（1368～1644年）

横215.5、纵60.5、高91厘米

故宫博物院藏

黄花黎木制。橱面两端翘起，面下平设抽屉三个，下面开两扇柜门，两侧有可装卸的余塞板。柜门及抽屉有铜锁鼻合页和拉手。底部装长牙条。四腿侧脚明显，腿面结合处有雕花托角牙。造型稳重大方，结构合理，为明代家具的标准式样。具有重要的历史、艺术价值，保存完好，定为国家馆藏贰级文物。

168 酸枝木两屉柜橱

清·嘉庆至道光（1796～1850年）

横88.3、纵53.8、高85厘米

山西省太谷县三多堂博物馆藏

酸枝木制。桌形结体，面下平设两抽屉，前脸起鼓，正中安蝙蝠形面叶拉手，下部对开两门，两侧装余塞板，门上的合页及面叶圆润浑厚，具浓郁的晋地风格，整体保存完整。具有重要的历史、艺术价值，定为国家馆藏贰级文物。

169　黑漆描金龙长箱

明（1368～1644年）

横152、纵98、高46厘米

故宫博物院藏

此箱木胎髹黑漆，箱下带底座，四面开门。箱盖及四面立墙以泥金描画双龙戏珠纹，然后又在描金纹饰上用黑漆勾纹理，使图案形象化。这种做法又称“黑漆理描金”，视觉上较其他描金漆较厚。从其造型、纹饰及工艺手法看，具有浓厚的明代风格。具有重要的历史、艺术价值，定为国家馆藏贰级文物。

170 黄花黎小箱

明（1368～1644年）

横37、纵36、高38厘米

故宫博物院藏

黄花黎木制。上开盖，俗称“官皮箱”。打开上盖，内设浅木盘，正面对开两门，设大小不等的五个抽屉。箱外两侧有提手，正面饰铜质面叶、吊牌及纽头。造型简练朴素，有典型的明代风格。具有重要的历史、艺术价值，保存完好，定为国家馆藏贰级文物。

171 黄花黎官皮箱

明（1368～1644年）

横32、纵24、高33.5厘米

文化部恭王府管理中心藏

官皮箱系明清两代官员出行必备的生活用具，多用于存放文房四宝或用于存放梳妆用具，故名官皮箱。此器通体黄花黎木制。平顶上开盖，门内设抽屉多具，用于存放什物，打开上盖，盖内有屉，用于存放铜镜。箱外的包角、合页及面叶均用白铜制成，系明式家具的典型特点，具有重要的历史价值，定为国家馆藏贰级文物。

172　柏木冰箱

清早期（1644～1735年）

横90、纵91、高82厘米

故宫博物院藏

柏木制。底小口大，呈方斗状。坐落在一鼓腿膨牙带托泥的方座上。箱上有一对可以开启的箱盖，盖上有四个铜钱纹开光。箱内四壁用铅皮包镶，内设一层格屉。为夏日储放冰块之用，冰箱外两侧安有铜鎏金拉环，设计精巧，存世不多，具有重要的历史、艺术价值，保存完好，定为国家馆藏贰级文物。

173　**黄花黎轿箱**

清早期（1644～1735年）

横77、纵17、高14厘米

文化部恭王府管理中心藏

轿箱为古人乘轿时存放什物用的家具。此轿箱黄花黎木制。长条形，下部两端向内收，使用时正好卡在两轿杆中间，白铜面叶及拍子。虽为清代制品，但具典型的明式风格，存世量少，具重要的历史价值和民俗价值，定为国家馆藏贰级文物。

174　**紫檀雕龙箱**

清早期（1644～1735年）

横85.5、纵62.5、高32.5厘米

故宫博物院藏

紫檀木制。平顶，箱体浮雕云龙海水江崖纹，两侧露地浅雕花草，辅以圆形面叶，如意云纹拍子。造型古朴，雕工精湛，纹饰繁缛，材质珍贵，为清初家具珍品。具有重要的历史、艺术价值，保存完好，定为国家馆藏贰级文物。

175 填漆戗金龙纹文具箱

清早期（1644～1735年）

横52.5、纵42、高55.5厘米

故宫博物院藏

木制髹漆，箱体立墙及顶盖均采用填漆戗金法描绘海水云龙纹。箱的正面对开两门，可以卸下，箱内设有十层长条形抽屉，抽屉脸上髹红色漆地、戗金斜“卍”字锦地纹，并间以隶书“卍”字，色彩明快疏朗，箱下设有低矮的云纹足托。此箱设计巧妙，独具匠心，反映了清代初期家具的艺术水平。具有重要的历史、艺术价值，定为国家馆藏贰级文物。

176 红漆描金云龙箱

清（1644～1911年）

横73.5、纵51.5、高117.5厘米（连座）

故宫博物院藏

木制髹红漆地。各面均以彩金饰云龙纹，用两种金加黑勾纹理，箱子下有两穿孔，用于穿索。从纹饰工艺看，为清康熙时制品。底座髹红漆，鼓腿膨牙带托泥。做工精细，在清初家具中极具代表性。具有重要的历史、艺术价值，定为国家馆藏贰级文物。

177　**黄花黎镂雕罩**

明（1368～1644年）

横109、纵62.5、高94.4厘米

故宫博物院藏

黄花黎木制。四面镂空透雕图案，分三层打槽装板，落堂踩鼓透雕，上层分左右两部分，透雕葡萄及枝叶，中间两部分透雕捕鱼图，下层为棂花窗式格子，底部为花牙式牙板。边框里口起阳线。做工精美、雕镂细腻。明官宦人家花园内多养小鹿，为防止啃咬园中树木，特置此物。具有重要的历史、艺术价值，定为国家馆藏贰级文物。

178 黄花黎五屏风式龙凤纹镜台

明（1368～1644年）

横49.5、纵35、高77厘米

故宫博物院藏

黄花黎木制。两开门，中设抽屉三具。座上安五屏风，式样取法座屏风。屏风脚穿过座面透眼，直插牢稳。中扇最高，侧递减，并依次向前兜转。搭脑高跳出头，绦环板全部透雕龙纹、缠枝莲纹等，唯正中一扇用龙凤纹组成圆形图案，外留较宽的板边，不施雕刻，至四角再镂空雕透。以虚实对比的手法，突出透雕。具有重要的历史、艺术价值，定为国家馆藏贰级文物。

179 黄花黎衣架

明（1368～1644年）

横194.5、纵56.5、高188厘米

故宫博物院藏

黄花黎木制。两个底墩外侧浮雕缠枝莲，上树立柱，前后有站牙抵夹。两柱间装中牌子，由三块透雕两面作的螭纹绦环板组成。上端装横梁，两端出头，龙口中含木球，可以活动。做工精细，用料考究，为明代衣架精品。原来中牌子之下有横梁一道，两墩之间有棂格踏板，惜已失缺。虽已缺损，仍有重要的历史、艺术价值，定为国家馆藏贰级文物。

180 黄花黎草龙纹衣架

明（1368～1644年）

横171、纵50.5、高168厘米

中国文物信息咨询中心藏

黄花黎木制。搭脑平直，两端圆雕对望龙首，中牌子攒边镶两面作透雕草龙纹绦环板，枨与矮佬均为混面，两立柱下端坐落在浮雕回纹墩座上，立柱两侧以两面作透雕草龙纹站牙抵夹，搭脑与立柱边缘踩委角线。搭脑与中牌子两端下方的角牙及墩座间的斜托均已缺失。此立件虽有残缺，但中牌子上的草龙各具神态，刀法精准生动，极富神韵。墩座制作规范，是典型的明代万历时期风格，不失为明式家具标准器，有重要的历史价值和艺术价值，定为国家馆藏贰级文物。

181 **黄花黎罗锅枨两屉天平架**

明（1368～1644年）

横58、纵20.5、高70厘米

中国文物信息咨询中心藏

天平架通体黄花黎木制。两侧有螭纹站牙抵夹，顶端双层横梁，下梁悬吊天平，坐落在长方形的台座上，台座正面平设抽屉两具，内中存放铜制、竹制砝码一套，此种天平架在明代广泛使用，然而流传至今并附全套天平、砝码的黄花黎天平实属稀有，具有重要的历史价值，定为国家馆藏贰级文物。

182　黄花黎束腰卷叶长方火盆架

明（1368～1644年）

横30.5、纵28.5、高17.5厘米

中国文物信息咨询中心藏

黄花黎木制。上口以方材攒边框，呈长方形，内沿因长期使用有烤焦痕迹，上置原配长方形铁斗。边抹立面为混面，且向下内敛至冰盘沿。冰盘沿下直束腰，下装对称浮雕夔纹、草叶纹壶门式牙板，三弯腿，外翻卷云纹足，下附龟脚。牙板、腿足沿边起阳线，线脚交圈。口沿边抹四角、束腰及拱肩处均包以铜皮。此种小巧敦实的火盆架应是明清之际北方富裕人家所用之器。具有重要的历史价值和民俗价值，定为国家馆藏贰级文物。

183 紫檀衣架

清（1644～1911年）

横256、纵67、高200厘米

故宫博物院藏

紫檀木制。墩子上置立柱，每柱前后有站牙抵夹。衣架上的搭脑两端雕出回首相顾的龙头。下为透雕云纹挂牙，中牌子分三段嵌装透雕双龙戏珠纹绦环板。板下为透雕龙纹卡子花，与其下的横枨相连。横枨下方两端透雕云龙托角牙。立柱两端的站牙、墩子及披水牙子满地浮雕云龙纹。雕刻精湛，构图饱满丰富，工精材美，为清代乾隆时期家具精品。具有重要的历史、艺术价值，定为国家馆藏贰级文物。

184 紫檀边座嵌木灵芝插屏

清（1644～1911年）

横95、纵49.5、高100厘米

故宫博物院藏

紫檀木制。屏心正面镶嵌大朵木灵芝。屏框下饰浮雕云纹余塞板。回纹披水牙下垂洼堂肚。前后光素站牙抵夹屏框。屏背镶板，阴刻隶书乾隆御制灵芝屏诗。此器构思新颖，具有重要的历史、艺术价值，保存完好，定为国家馆藏贰级文物。

紫檀边座嵌玉《千字文》围屏（正面）

紫檀边座嵌玉《千字文》围屏（背面）

185 紫檀边座嵌玉《千字文》围屏

清（1644～1911年）

边座横319.5、纵20、高86.5厘米

故宫博物院藏

共九扇，落在长方形须弥台座之上，屏框及台座均以紫檀木制成，正面嵌白玉琢乾隆御笔《千字文》。围屏裙板为落堂踩鼓做法，嵌雕染色象牙花卉纹，背面为蓝地描金花卉。此围屏做工精湛，为清乾隆年间的家具精品。具有重要的历史、艺术价值，保存完好，定为国家馆藏贰级文物。

186　**红雕漆山水纹屏风**

清·乾隆（1736～1795年）

横250、高195厘米

故宫博物院藏

木制髹漆，以剔红手法制成。“一”字形须弥式底座。屏分三扇，正扇稍高，两侧略低。顶端冠剔红云龙毗卢帽，下侧装云龙纹站牙。三扇屏风边框锦地开光，浮雕花卉。内雕刻山水、树石、楼阁、人物。上部天空部分以天蓝色为地，刻乾隆御制诗。表现了清代中期的雕漆艺术水平。有重要的历史、艺术价值，保存完好，定为国家馆藏贰级文物。

187 **根雕方桌**

清·乾隆（1736～1795年）

横97、纵97、高89.5厘米

故宫博物院藏

木制。方形。牙子、腿均用树根拼接而成，未用卯榫连接，各接缝处衔接巧妙，浑然一体。为清乾隆时制品。具有重要的历史、艺术价值。保存完好，定为国家馆藏贰级文物。

188 **根雕平头案**

清·乾隆（1736～1795年）

横252、纵69.5、高90.5厘米

故宫博物院藏

根木制作。牙子、腿均用树根拼接而成，各部拼接巧妙，浑然一体。只是案面用木板做成。为清乾隆时制品。艺术水平颇高，具有重要的历史、艺术价值。保存完好，定为国家馆藏贰级文物。

189 根雕圆桌

清·乾隆（1736～1795年）

直径126、高84厘米

故宫博物院藏

木制。圆形，桌面攒框镶板，四面包镶树根构成，牙子和腿各部拼接自然得体。为清乾隆时制品。具有重要的历史、艺术价值。保存完好，定为国家馆藏贰级文物。

190 根雕小圆桌

清·乾隆（1736～1795年）

直径49.5、通高83厘米

故宫博物院藏

木制。圆形，面心嵌装素板，桌面边沿则包接一圈树根，面下有直柱相承，柱与三腿足皆以树根拼接而成，随体屈颉，依形度势，饶有古趣。为清乾隆时制品。具有重要历史、艺术价值。保存完好，定为国家馆藏贰级文物。

191 根雕木床

清（1644～1911年）

横217、纵135、高114厘米

故宫博物院藏

天然树根拼镶而成，经巧妙衔接，构成如此形体硕大的罗汉床。靠背及两侧由三段树根拼成围子，床面攒框装板，座面外沿的牙子及四条略微外展的腿足亦皆由树根拼镶而成，随体屈颉，天然成趣。这类家具传世不多，具有重要的历史、艺术价值。保存完好，一套三件按一件计，定为国家馆藏贰级文物。

192 根雕木椅

清（1644～1911年）

横80、纵57、高97厘米

故宫博物院藏

木制。椅主要部分均以树根拼配而成，座面以树根做成围框，上铺木板，面下腿足及牙子均以树根拼镶，衔接巧妙，看不到拼缝和钉子。由于树根的怪异形态，使此椅造型奇特。具有重要的历史、艺术价值。保存完好，定为国家馆藏贰级文物。

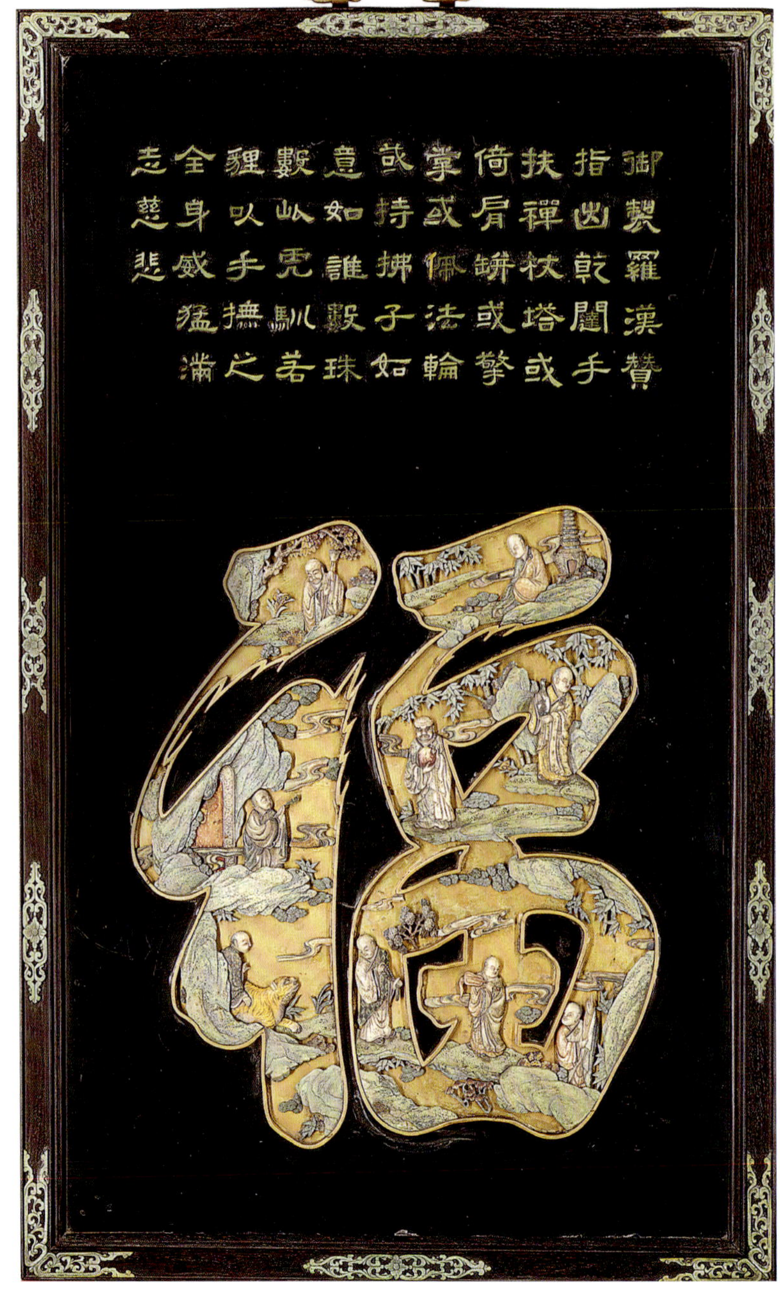

193　紫檀边漆心嵌福寿字挂屏（成对之一）

清（1644～1911年）

横59.5、高98厘米

故宫博物院藏

紫檀框，边缘起线，当中铲地嵌镂空画珐琅卡子花。屏黑漆地，嵌铜“福”字和“寿”字。字体轮廓有立墙，内嵌象牙雕十八罗汉，周围点缀树石花卉，刻画生动，惟妙惟肖。上部有御制“罗汉赞”，应为乾隆皇帝寿辰时的寿礼。有重要的历史、艺术价值。保存完好，定为国家馆藏贰级文物。

叁级文物

194 酸枝木嵌大理石罗汉床

清晚期（1821～1911年）

横203.7、纵140、高109.5厘米

山西省太古县三多堂博物馆藏

酸枝木制。面上座围取七屏风式，而大理石心却镶十一块，颇显零碎。估计受石材条件限制，不得已而为之。床面系硬板加藤席。现席心已无。面下有束腰，直牙直腿，回纹方马蹄。清末制品，存世量较多。具有比较重要的历史价值，定为国家馆藏叁级文物。

195 榆木大供桌

清·道光（1821～1850年）

横139.5、纵139、高92厘米

山西省太古县三多堂博物馆藏

榆木制。形体较大，面下有束腰，每面各镶两条炮仗条，束腰下承托腮，牙条正中垂洼堂肚，下饰镂空拐子纹花牙，展腿式，上部内翻回纹足，内口起线与牙条边缘交圈，下部直腿外翻回纹马蹄，带承珠。造型稳重，保存完好，其形体、高度都超过正常家具，估计为佛前供桌。虽木质较差，仍具有比较重要的历史、艺术价值，定为国家馆藏叁级文物。

196 酸枝木嵌大理石长方桌

清晚期（1821～1911年）

横118.7、纵71.7、高85厘米

山西省太古县三多堂博物馆藏

酸枝木制。面心及四面装横枨，亦分段镶大理石，四腿与桌面取四面平式，腿内与横枨拐角处装云纹托角牙，四腿中部做出内翻回纹马蹄，下部内缩作展腿式外翻云纹足。其风格特点属于清代晚期。具有比较重要的历史、艺术价值，定为国家馆藏叁级文物。

197 酸枝木八仙桌

清晚期（1821～1911年）

横90.3、纵90、高83厘米

山西省太古县三多堂博物馆藏

酸枝木制。冰盘沿下饰双层打洼束腰，拱肩直回纹足，牙条下装罗锅枨，正中饰如意云纹卡子花，两侧饰矮佬。此桌整体轮廓基本保持明式风格，而腿下马蹄已是清式，卡子花则更晚，酸枝木也是清后期才大量使用的材种。存世量较大。具有比较重要的历史、艺术价值，定为国家馆藏叁级文物。

198　红木石面活腿圆桌

清晚期（1821～1911年）

面径97、高83.5厘米

故宫博物院藏

酸枝木制。桌面葵花式边框，镶花石面心。面下六腿，微向外弯曲。六腿上下有可活动的横枨，可拆卸、折叠。腿下安六角形托座，以六角冰纹镶心，桌腿坐在底座上。除桌面外，桌体各部构件均满雕卷草纹。木材与石材相结合，且设计巧妙，造型美观，然时代较晚，存世量较多。具有比较重要的历史、艺术价值，定为国家馆藏叁级文物。

199 酸枝木嵌大理石面雕花圆桌

清晚期（1821～1911年）

直径97、高84厘米

文化部恭王府管理中心藏

酸枝木制。桌面圆形，嵌大理石心。侧沿、腿及底托均采用两劈料线条。面下周匝镶透雕葫芦纹花牙子。面六条弧形腿，上下有可折叠的活枨，不用时可以分解折叠。下部坐落在六边形六足底座上。其造型特点具典型的清末民国风格。有比较重要的历史价值，定为国家馆藏叁级文物。

200 **酸枝木棋牌桌**

清晚期（1821～1911年）

横82、纵82、高82厘米

文化部恭王府管理中心藏

酸枝木制。桌面方形，四角抹圆，每边的两端向内凹进，形成曲边。牙条正中较宽，形成洼堂肚，边缘起线。四腿三弯式，下部安双枨，下层枨中间镶屉板，两枨之间镶卡子花。除卡子花外，通体光素无雕饰。造型上较多地吸收了西洋式风格。在清晚期的广州和上海地区广泛流行。具有比较重要的历史价值。由于存世量较多，且时代较晚，定为国家馆藏叁级文物。

201 酸枝木抽屉桌

清晚期（1821～1911年）

横121、纵66、高82.5厘米

文化部恭王府管理中心藏

酸枝木制。造型取四面平式，桌形结体，粽角榫结构。面下四具抽屉，两大两小，中间两具向上提起，目的是为扩展面下使用空间，增加实用功能。抽屉脸外装铜质弓形拉手，四腿方形，里口起线，腿下部装四面平底枨，镶冰纹屉心。回纹方马蹄。此种造型的器物在清末民国时期较为流行，艺术水平不高，它反映了清末至民国时期的历史特点及艺术水平，具有比较重要的历史价值，定为国家馆藏叁级文物。

202　酸枝木嵌螺钿写字台

清晚期（1821～1911年）

横140、纵65、高80厘米

文化部恭王府管理中心藏

酸枝木制。由两个长几和一个台面组成，均取四面平式，两长几正面各装两个抽屉，台面平装三个大抽屉。抽屉脸中心起鼓，安铜质弓形拉手。同时在正面边框、抽屉脸和腿部用螺钿嵌出各式折枝花卉。这种形式的写字台是清代末期开始流行的新品种，有比较重要的历史价值，定为国家馆藏叁级文物。

203　**酸枝木小条桌**

清晚期（1821～1911年）

横92、纵45.5、高86厘米

文化部恭王府管理中心藏

酸枝木制。面下有束腰，牙条下另安透雕卷草纹的花牙。四腿与牙条内口起线，直腿回纹马蹄。此种做工及风格的家具在清代晚期广泛流行，为清代晚期的典型代表。具有比较重要的历史价值。存世量较多，定为国家馆藏叁级文物。

204 酸枝木带屉长炕桌

清晚期（1821～1911年）

横94、纵32、高31.5厘米

文化部恭王府管理中心藏

酸枝木制。造型取四面平式，面下平设抽屉三具，屉下装透雕葫芦纹牙条，回纹四足，带撇脚。从雕刻风格及腿足来看，为清代晚期作品。有较重要的历史价值，存世量较多，定为国家馆藏叁级文物。

205 酸枝木嵌瘿木面展腿式炕桌

清晚期（1821～1911年）

横85.5、纵50.8、高30.9厘米

山西省太古县三多堂博物馆藏

酸枝木制。桌面攒框镶瘿木心，面下有束腰，饰锼空炮仗洞，外口起地雕绦环，牙条浮雕云纹及蝠纹，正中下垂洼堂肚。四腿展腿式，雕卷云纹，下部直腿外翻云纹足。保存完好，时代较晚，存世量较多。具有比较重要的历史、艺术价值，定为国家馆藏叁级文物。

206　酸枝木雕花炕桌

清晚期（1821～1911年）

横75.9、纵41、高28厘米

文化部恭王府管理中心藏

酸枝木制。造型取四面平式，粽角榫结构，桌面下安透雕卷草纹牙条，两端垂牙头与桌腿相连。回纹方马蹄，清末民国流行，有较重要的历史价值。存世量较多，定为国家馆藏叁级文物。

207　榆木条案

清·嘉庆至道光（1796～1850年）

横227.5、纵50、高89厘米

山西省太古县三多堂博物馆藏

榆木制。形体硕大，独板为面，下施透雕拐子纹花牙，腿足方瓶式，浮雕云头纹，坐落在托泥上。造型浑厚、雄壮，具浓郁的地方特色，然木质一般。具有比较重要的历史价值，定为国家馆藏叁级文物。

208　榉木小条案

清中期（1736～1820年）

横90、纵48、高84.6厘米

文化部恭王府管理中心藏

条案长条形，夹头榫结构与腿结合，圆柱腿前后两侧装双枨。造型特点具明式风格，有一定的存世量，具较高的历史价值，定为国家馆藏叁级文物。

209　酸枝木雕花平头案

清晚期（1821～1911年）

横236、纵51、高91厘米

文化部恭王府管理中心藏

该案通体酸枝木制。平头，面下长牙条，以夹头榫结构与腿结合。四腿两侧削出曲边，坐落在半圆形的托泥上。牙板、牙头、案腿各部有浅浮雕各式折枝花卉。此案整体造型似显呆板，制作及雕刻水平也极一般，反映了清代晚期社会历史背景下的工艺水平。具有较重要的历史价值，定为国家馆藏叁级文物。

210 酸枝木卷头小案

清晚期（1821～1911年）

横127、纵39.5、高84厘米

文化部恭王府管理中心藏

酸枝木制。案面两端下卷，尽端雕灵芝与案腿相交。案面正中下部镶牙条，浮雕博古纹。四腿上部雕成方瓶式，至足部加粗，浮雕花叶及海棠式花，腿部浮雕蝙蝠双鱼及流苏纹。两侧腿间装横枨，镶洼堂肚券口。由于腿足用料过大，显得厚重有余而俊秀不足，同类器物存世亦较多。具有较为重要的历史价值，定为国家馆藏叁级文物。

211　酸枝木透雕绳结纹小条案

清晚期（1821～1911年）

横115、纵41.5、高83厘米

文化部恭王府管理中心藏

酸枝木制。两端案头下卷，边沿饰劈料纹，面下装透雕绳结纹牙条，四腿亦作劈料装饰，前后腿间装洼堂券口，此种纹饰及造型为典型的清代晚期风格。有较重要的历史价值，存世量多，定为国家馆藏叁级文物。

212 酸枝木茶几

清晚期（1821～1911年）

横41、纵31、高78.5厘米

文化部恭王府管理中心藏

酸枝木制。茶几长方形，粽角榫结构，四面方正平直。几面与腿里口起线，面下镶透雕卷草纹牙条。四腿上部装四面平式横枨，当中镶屉板，直腿回纹足。造型风格反映了清末至民国时期的历史特点。存世量多，定为国家馆藏叁级文物。

213 酸枝木嵌螺钿方茶几

清晚期（1821～1911年）

横42.4、纵32、高78.7厘米

文化部恭王府管理中心藏

酸枝木制。茶几长方形，粽角榫结构，四面方正平直。几面与腿里口起线，面下镶透雕喜鹊梅花纹牙条及牙头。在牙条的梅花、喜鹊上均嵌有螺钿。面及沿腿部以螺钿镶嵌出珠花及折枝梅花。四腿上部装四面平式横枨，下装牙条，当中镶屉板，直腿回纹足。造型风格反映了晚清至民国时期的历史特点。存世量多，定为国家馆藏叁级文物。

214 酸枝木嵌大理石面茶几

清晚期（1821～1911年）

横44.3、纵44.3、高80.4厘米

文化部恭王府管理中心藏

酸枝木制。几面正方形，正中镶白色大理石，面下打洼束腰，牙条大垂洼堂肚。四腿展翅式，腿间装四面平式横枨，当中镶屉板，枨下亦装带洼堂肚的牙条。四足直下，鹰爪式足。为清代末期广州流行的家具式样。具有较高的历史价值，因存世量相对较多，定为国家馆藏叁级文物。

215　酸枝木透雕卷草纹茶几

清晚期（1821～1911年）

横40.5、纵30.5、高80厘米

文化部恭王府管理中心藏

酸枝木制。茶几长方形，粽角榫结构，四面方正平直。几面与腿里口起线，面下镶透雕卷草纹牙条。四腿上部装四面平式横枨，当中镶屉板，直腿回纹足。造型风格反映了清末至民国时期的历史特点。存世量多，定为国家馆藏叁级文物。

216　酸枝木方茶几

清晚期（1821～1911年）

横43、纵42、高76.8厘米

文化部恭王府管理中心藏

茶几方形，酸枝木制。面下有束腰，直腿回纹足，四面平管脚枨。通体光素无雕饰，造型及做工代表了清代晚期的风格特点。虽无突出艺术性，仍具有较高历史价值。由于存世量较多，定为国家馆藏叁级文物。

217　酸枝木嵌螺钿方茶几

清晚期（1821～1911年）

横42、纵32、高78.5厘米

文化部恭王府管理中心藏

茶几方形，酸枝木制。粽角榫结构，面下镶透雕梅花喜鹊纹花牙，四腿各面及透雕花纹均以螺钿镶嵌，四腿中部直枨，当中镶屉板，枨下装嵌螺钿花卉牙条，回纹方马蹄。此种造型及装饰手法代表了清代晚期风格特点，存世量较多。具较高历史价值，定为国家馆藏叁级文物。

218 酸枝木嵌螺钿方茶几

清晚期（1821～1911年）

横41.7、纵41.2、高79.5厘米

文化部恭王府管理中心藏

酸枝木制。面心嵌大理石心，边沿、束腰、花牙及腿部均满嵌螺钿花纹，牙条下另安透雕梅花蝴蝶并嵌螺钿的花牙。四腿展腿式，腿间装横枨，中间镶屉板，既起加固作用，又增加实用功能，四腿直下，外翻鹰爪式足。具明显的清代晚期风格，有较重要的历史价值，定为国家馆藏叁级文物。

219 酸枝木雕葫芦纹茶几

清晚期（1821～1911年）

横42、纵30厘米、高86.5厘米

文化部恭王府管理中心藏

酸枝木制。造型取四面平式，面下装透雕葫芦纹花牙，两端垂牙头，中部装直枨，当中镶屉板，下有素牙条，直腿回纹足，清晚期风格。有较重要的历史价值，存世量多，定为国家馆藏叁级文物。

220 **紫漆描金椅**

清早期（1644～1735年）

横48、纵40、通高92.5厘米

故宫博物院藏

木制。此式称一通碑式椅，因其后背长方挺直如同一块石碑而得名。此椅采用传统的描金手法，通体描饰精美的卷草纹、蝙蝠纹及拐子纹。靠背板与靠背边框间饰透雕卷草纹花牙，座面下有束腰，四足上端嵌透雕卷草纹角牙，两侧足间施双枨，双枨间装透雕花牙，四足直下，前面两足及后面两足之间均施底枨，内翻马蹄，装饰华丽，画工精细，具清代早期风格。虽纹饰多有磨损，仍具有比较重要的历史、艺术价值，定为国家馆藏叁级文物。

221 **酸枝木扶手椅（一对）**

清·嘉庆至道光（1796～1850年）

横61.5、纵46、高95厘米

山西省太古县三多堂博物馆藏

酸枝木制。椅背及扶手作五屏式，正中稍高两侧递减。靠背攒框镶心，搭脑后卷，当中镶两块拐子纹板心。下部留出拐子纹亮脚。两侧及扶手中心装立枨，圆雕绳纹拴玉璧。四角镶云纹角牙。面下有束腰，四面平牙条，下垂洼堂肚。拱肩直腿回纹四足，四面平管脚枨。按此造型及风格特点流行于清代嘉庆至道光时期，木质与黄花黎、紫檀差距甚大，且传世品极多。有比较重要的历史价值，每件定为国家馆藏叁级文物。

222　酸枝木扶手椅（一对）

清·嘉庆至道光（1796～1850年）

横67、纵44、高102厘米

山西省太古县三多堂博物馆藏

酸枝木制。造型结构仿明式。唯正面券口当中以清中期才出现的云纹洼堂肚作装饰，与明式风格大异。明式或四出头，或不出头，而此椅扶手出头前低后高，此椅在山西地区见过多例。木质虽不敌紫檀、黄花黎，但造型尚好，有独特的地方风格。具有比较重要的历史价值，每件定为国家馆藏叁级文物。

223　酸枝木雕花扶手椅

清晚期（1821～1911年）

横68.3、纵53、高107厘米

文化部恭王府管理中心藏

酸枝木制。曲边搭脑，背板、扶手以透雕手法装饰蝙蝠、麒麟及葡萄纹。座面下带束腰，牙条雕出玉宝珠，展腿式四腿，外翻回纹式四足，拱形四面平式管脚枨，此种风格的椅型为清代晚期的代表作品，存世量较多。具有较高的历史价值，定为国家馆藏叁级文物。

225　酸枝木嵌大理石靠背椅

清晚期（1821～1911年）

横52.8、纵41.5、高98.5厘米

文化部恭王府管理中心藏

酸枝木制。后背微向后弯，搭脑与边柱软圆角结合，曲形搭脑，后背攒框镶心，上部起绦环，中部镶大理石心，下部锼出夔纹亮脚。座面落堂踩鼓镶板，面下拐子纹枨子，直腿，腿间装管脚枨。此种造型与做工的家具流行于清代晚期，具有较重要的历史价值，因传世品较多，定为国家馆藏叁级文物。

224　酸枝木雕花长椅

清晚期（1821～1911年）

横191.5、纵58、高94.5厘米

文化部恭王府管理中心藏

酸枝木制。靠背、扶手分段镶板，透雕各种瑞兽的花板，花板中间雕刻带有西洋风格的扇面花窗，坐面下有束腰，浮雕海棠式珠花，牙板及牙条浮雕花鸟、石榴、荷花等多种图案，拱肩饰兽头，四腿展腿式，足端鹰爪抓球。此种造型及雕刻风格具明显清代晚期特点，有较重要的历史价值，定为国家馆藏叁级文物。

226 酸枝木嵌大理石靠背椅

清晚期（1821～1911年）

横54.5、纵42.5、高94厘米

文化部恭王府管理中心藏

酸枝木制。后背方形，攒框镶板，正中圆形开光，嵌大理石心。后背与座面的转角处有角牙相连，起额外加固作用。面下有束腰，直腿回纹足，四面平管脚枨。造型简单，是清代晚期广泛流行的式样。存世量较多，具有比较重要的历史价值，定为国家馆藏叁级文物。

227　酸枝木灵芝纹扶手椅

清晚期（1821～1911年）

横67、纵49、高101厘米

文化部恭王府管理中心藏

酸枝木制。后背及扶手以拐子纹加灵芝组成，搭脑亦取灵芝的造型，后背攒框分三段镶板，座面落堂镶板，前沿微向内凹，束腰、牙条亦随形凹进，并浮雕玉宝珠。直腿内翻回纹方马蹄，四面平管脚枨。此种造型属于清代道光至光绪时期（1821～1908年）出现的品种。有较重要的历史价值，定为国家馆藏叁级文物。

228 酸枝木雕福寿纹扶手椅

清晚期（1821～1911年）

横61.5、纵47.5、高99厘米

文化部恭王府管理中心藏

酸枝木制。后背作曲边搭脑，下垂卷云纹。靠背下部透雕蝙蝠、桃枝及寿桃，寓意“福寿双全”。两扶手饰拐子纹。面下有束腰，牙条浮雕玉宝珠纹，直腿回纹马蹄，四面平管脚枨。造型手法代表了清代后期的风格特点。有较高的历史价值，定为国家馆藏叁级文物。

229 **酸枝木嵌大理石福庆纹靠背椅**

清晚期（1821～1911年）

横63.5、纵48、高100厘米

文化部恭王府管理中心藏

酸枝木制。椅背搭脑透雕蝙蝠纹，背板上端雕玉磬与蝙蝠相连，构成福庆的寓意。蝙蝠两侧横梁、边柱及背板四周透雕绳结纹，背板正中圆形开光，当中嵌大理石心。坐面落堂镶板，两侧以卷草纹角牙与后背相连，座面前沿微向内凹，束腰牙条亦随之凸凹，四腿展腿式，兽头纹足，四面平管脚枨。这种装饰手法代表了清代晚期的风格特点，具较高的历史价值，定为国家馆藏叁级文物。

230 **酸枝木嵌螺钿扶手椅**

清晚期（1821～1911年）

横65.5、纵48.5、高99厘米

文化部恭王府管理中心藏

酸枝木制。曲边搭脑圆光靠背，开光内透雕鸟兽花卉，开光外透雕喜鹊登梅，搭脑、扶手、后背均满嵌螺钿花纹。面下有束腰，牙条下透雕喜鹊梅花，牙条及腿嵌螺钿折枝花卉，展腿式四腿，鹰爪式足，四面平式管脚枨。这种风格的造型在清代晚期广泛流行，代表了清代晚期的时代特征，具较高的历史价值，定为国家馆藏叁级文物。

231 酸枝木透雕五福捧寿纹扶手椅

清晚期（1821～1911年）

横62、纵48、高98厘米

文化部恭王府管理中心藏

酸枝木制。直后背，曲边搭脑作蝙蝠展翅式。后背板透雕圆“寿”字，上下两端各饰一对蝙蝠，与搭脑组成“五福捧寿”纹。两扶手中间各嵌一长“寿”字。面下带束腰，牙条浮雕玉宝珠，腿下四面平底枨，回纹方马蹄。此种造型在清末民国时期流行较广，体现了清晚期的时代特点，具有较重要的历史价值，定为国家馆藏叁级文物。

232　酸枝木嵌大理石靠背椅

清晚期（1821～1911年）

横53、纵42.5、高93厘米

文化部恭王府管理中心藏

酸枝木制。方形后背，上横梁微向上凸，形成搭脑。后背中心镶板，取落堂踩鼓式，正中圆形开光，周围透雕五只蝙蝠，板心后嵌白色大理石，从正面看即形成“五福捧寿”图案。后背与座面转角处有角牙连接。座面落堂镶板，前沿微向内凹，束腰、牙条亦随形凹进。直腿内翻回纹方马蹄，四面平管脚枨。此种造型亦属于清代后期至民国时出现的品种。有较高的历史价值，定为国家馆藏叁级文物。

233 酸枝木嵌大理石靠背椅

清晚期（1821～1911年）

横58、纵44、高97厘米

文化部恭王府管理中心藏

酸枝木制。后背以拐子纹加灵芝组成，搭脑亦取灵芝的造型，后背中心圆形开光，内镶布满黑白花纹的大理石，座心取落堂踩鼓式，后背与座面转角处有角牙连接。座面落堂镶板，前沿微向内凹，束腰、牙条亦随形凹进。直腿内翻回纹方马蹄，四面平管脚枨。此种造型亦属于清代后期至民国时出现的品种。有较高的历史价值，定为国家馆藏叁级文物。

234 酸枝木六方扶手椅

清末至民国（1821～1949年）

横77、纵53、高110厘米

山西省太古县三多堂博物馆藏

椅面呈六方式，藤心座面，无束腰，面下六足，呈膨牙三弯式，上部饰蚂蚱腿，下侧外翻蚂蚱脚，腿间施四面平管脚枨，六面牙条随面边微向内凹，正中垂洼堂肚，面上曲线靠背，云纹曲边，搭脑上拱，圆雕云纹，唯扶手处圆雕西洋卷草及拐子纹。外形模仿西洋式样，纹饰则中西混合，从缺失的两块牙子处看出，结构简单，缺乏合理性，应为清末民国初年制品。具有比较重要的历史价值，定为国家馆藏叁级文物。

235　酸枝木拐子纹方凳（一对）

清·嘉庆至道光（1796～1850年）

横42、纵41.2、高50.5厘米

山西省太古县三多堂博物馆藏

方凳一对，酸枝木制。面下有束腰，饰打洼线条。系以牙条一木连作。牙条下用短材攒成拐子纹，紧贴牙条，起格外加固的作用。牙条及内部起线，足端饰回纹马蹄，做工及风格代表了清代嘉庆至道光时期的特点。具有比较重要的历史价值，每件定为国家馆藏叁级文物。

236　**酸枝木石心嵌螺钿腰圆凳**

清晚期（1821～1911年）

横56、纵41、高52厘米

文化部恭王府管理中心藏

酸枝木制。凳面腰圆形，面下带束腰，牙条雕出曲边，以螺钿嵌花鸟纹，四腿展腿式，嵌螺钿兰花，外翻云纹饰足，拱形管脚枨。造型特点代表了清代晚期风格。具有较高历史价值，定为国家馆藏叁级文物。

237 酸枝木石心嵌螺钿椭圆凳

清晚期（1821～1911年）

横44、纵34.5、高51.5厘米

文化部恭王府管理中心

此椭圆凳除座面与管脚枨外通体嵌螺钿，座面以弯材攒边打槽镶椭圆形大理石板，边抹立面为混面，且向下内敛至冰盘沿。冰盘沿下束腰平直，四腿间装有透雕喜鹊梅花纹牙板，寓意“喜上眉梢”。三弯腿，沿边起阳线，四腿拱肩处圆雕兽头，腿足间装方材四面平式弧形枨，外翻兽爪抱球足。此种造型特点为典型的清晚期风格，存世量较多，具较高的历史价值，定为国家馆藏叁级文物。

238 酸枝木雕事事如意纹方凳

清晚期（1821～1911年）

横50、纵50、高52厘米

文化部恭王府管理中心藏

酸枝木制。面下有束腰，牙条与腿里口起线，牙条下另安透雕事事如意纹花牙，两端靠腿处锼流苏纹。直腿内翻马蹄。这种带吉祥图案装饰的器物多流行于清代晚期，反映了当时的历史特点，有较重要的历史价值，定为国家馆藏叁级文物。

239 酸枝木四门柜橱

清·嘉庆至道光（1796～1850年）

横128.5、纵63.5、高86厘米

山西省太谷县三多堂博物馆藏

酸枝木制。桌形结体，面下平设抽屉三具，再下为柜门，正中两平耳开启，两侧耳可摘下，腿间镶牙条，分别浮雕夔龙纹及“卍”字、双鱼、寿桃、葫芦等纹饰。锤鼓式铜饰件，具浓厚的晋地风格，惜抽屉脸和柜门已不同程度遭人为破坏。但仍具有比较重要的历史、艺术价值，定为国家馆藏叁级文物。

240 酸枝木两屉柜橱

清晚期（1821～1911年）

横57.3、纵65、高83.8厘米

文化部恭王府管理中心藏

柜身通体酸枝木制。桌形结体，粽角榫结构，面下平设抽屉两具，屉下对开两门，中间装活插栓，圆形铜饰件及拉手。整体造型用料粗硕，反映了清代晚期风格，有较重要的历史价值，定为国家馆藏叁级文物。

241 红木盆架

清（1644～1911年）

直径56、通高180厘米

故宫博物院藏

红木制。六柱，后柱上部三抹，搭脑两端龙首相顾。下装托角挂牙。中间装壶门。中牌子镶绦环板，浮雕云龙纹。以下两横枨均有壶门牙条。盆架前柱顶端圆雕莲花望柱。为清晚期制品。具有比较重要的历史价值，保存完好，定为国家馆藏叁级文物。

242 酸枝木雕花镜屏

清中晚期（1736～1911年）

横61.8、纵27.5、高96厘米

文化部恭王府管理中心藏

镜屏边座酸枝木制，立柱两侧装瓶式站牙，横梁下余塞板浮雕牡丹寿桃纹，壶门披水牙，浮雕卷草纹，混面双边线屏框，内口镶回纹绦线，当中为玻璃镜。从做工风格看，为清代中晚期作品，有较重要的历史价值，定为国家馆藏叁级文物。

243 酸枝木嵌螺钿桌镜

清晚期（1821～1911年）

横42.5、纵17、高59.5厘米

文化部恭王府管理中心藏

此件桌镜为独扇插屏式，可兼作座屏，通体嵌螺钿。镜屏攒边打槽装玻璃镜面，边抹平嵌喜鹊、花草纹，浮雕连续回纹。两立柱分别落在墩座上，立柱内侧打槽装镜屏，两侧以站牙抵夹，站牙平嵌花草纹。两立柱间装两根横枨，平嵌圆形纹，双枨间装绦环板，落堂踩鼓，两墩座间装披水牙板，绦环板与披水牙板表面平嵌人物、花草纹。此件桌镜造型小巧，工艺繁缛，是清代晚期富裕人家的时尚用品。有较重要的历史价值，定为国家馆藏叁级文物。

244　酸枝木嵌螺钿貌镜

清末至民国（1821～1949年）

横69、纵30.5、高110厘米

山西省太古县三多堂博物馆藏

酸枝木制。瓶式立柱，下承狮子座。通体平镶螺钿花卉，余塞板正中嵌福、禄、寿三星。屏框四周嵌折枝梅花及双喜字，寓意“喜上眉梢”，正中镶玻璃镜。按此类风格特点，均为清末民国时期制品。具有较重要的历史价值，定为国家馆藏叁级文物。

一般文物

245 **酸枝木展腿小炕桌**

清·道光（1821～1850年）

横82、纵47、高27.2厘米

山西省太古县三多堂博物馆藏

酸枝木制。面下有束腰，浮雕三组绦环线。有牙条，浮雕卷草纹和拐子纹，四腿展腿式，回纹内翻马蹄，下部外翻云纹足。此器雕刻水平不高，且间有破损，存世量很多。具一定历史价值，定为国家馆藏一般文物。

246　核桃木长方桌

清晚期（1821～1911年）

横103、纵48、高85厘米

山西省太古县三多堂博物馆藏

核桃木制。造型特点仿明式，面下有束腰，直牙条下装罗锅枨。但上拱很小，足端的马蹄生硬呆板，与常规明式相差甚远。木质不贵重，时代较晚，具一定历史价值，定为国家馆藏一般文物。

247 柴木半圆桌（一对）

清晚期（1821～1911年）

直径95.3、高85厘米

山西省太古县三多堂博物馆藏

柴木制。半圆桌一对，可拼成圆桌，面下饰弦纹，下附云纹垛边。中心安立柱，下有“丁”字形底座。各有一夔龙纹站牙抵夹立柱。系清代晚期至民国时期常见式样。材质较次，具一定历史价值，按一件计，定为国家馆藏一般文物。

248 **花梨木长方桌**

清晚期（1821～1911年）

横88.7、纵39.8、高86厘米

山西省太古县三多堂博物馆藏

花梨木制。表面上黑漆，且严重脱落。面下有束腰，下衬托腮。牙条下垂洼堂肚。直腿展腿式，与牙条共同浮雕绳结纹及云纹。腿下部外翻云纹足。其做工及纹饰均属清末风格。有一定历史价值，定为国家馆藏一般文物。

249 柴木半圆桌

民国（1911～1949年）

横99.4、纵49.7、高84.4厘米

山西省太古县三多堂博物馆藏

半圆形，柴木制。面下起线，有束腰，下衬托腮。牙条及腿抱肩榫结构向外弧形膨出。浮雕卷云纹。其边缘起线并与腿交圈。四腿三弯式，外翻云纹足，下带承珠。其目的在于避免足受潮或磨损，且便于更换。此桌造型臃肿，做工亦不精，木质也不贵重，传世量多。具一定历史价值，定为国家馆藏一般文物。

250 **柴木长方桌**

民国（1911～1949年）

横95、纵53.5、高86.5厘米

山西省太古县三多堂博物馆藏

柴木制。面下有束腰，直牙条，下带罗锅枨加卷草纹卡子花。再下装屉板，回纹方马蹄，通体罩红漆。柴木上漆和榆木擦漆做工为清末民国流行的风格，传世量极多。具一定历史价值，定为国家馆藏一般文物。

251　酸枝木"十"字联方靠背椅（一对）

清晚期（1821～1911年）

横49.5、纵43、高103厘米

山西省太古县三多堂博物馆藏

酸枝木制。后背立方式，当中以短材攒成"十"字加委角方框组成的棂格，两后腿与背边柱一木连作，座面落堂镶板，面下无束腰，方形直腿，正面腿间上安直枨，下部四面安步步高赶枨，无侧脚收分，靠背亦无背倾角。清末制品。具有一定的历史价值，每件定为国家馆藏一般文物。

252　花梨木嵌石背扶手椅（一对）

清末至民国（1821～1949年）

横62、纵41.2、高97厘米

山西省太古县三多堂博物馆藏

花梨木制。为紫檀属木种中的草花梨类，木质较酸枝木差。椅背搭脑波浪式，正中圆形开光，嵌大理石一块，两侧镶透雕如意及柿子，寓意“事事如意”。两侧面有扶手，各镶一组透雕卡子花。面下有束腰，牙条浮雕卷云纹，下施四面平底枨。回纹马蹄。此类椅式于清末民国最为流行，传世品较多。具有一定的历史价值，每件定为国家馆藏一般文物。

253　酸枝木靠背椅（一对）

民国（1911～1949年）

横48.6、纵41、高91厘米

山西省太古县三多堂博物馆藏

酸枝木制。座面落堂镶板，正面饰束腰，起双打洼线条，两侧及后部无束腰，牙条下垂洼堂肚，腿间施管脚枨，回纹四足，面上后背攒框镶心，当中开出博古纹透孔，板后衬大理石，两侧装座角牙，起额外加固作用。这种椅型从结构、造型都缺乏应有的科学性、艺术性，系在民国时期出现的家具品种。具有一定的历史价值，每件定为国家馆藏一般文物。

254 榆木扶手椅（一对）

民国（1911～1949年）

横56.4、纵41.2、高102.3厘米

山西省太古县三多堂博物馆藏

通体榆木擦漆。造型特点仿明式，唯没有侧脚和收分，意趣较晚。背板曲线形，搭脑、扶手不出头，面下三面壸门券口，步步高赶枨。材质一般，传世量较多，具有一定的历史价值，每件定为国家馆藏一般文物。

255　榆木钱柜

民国（1911～1949年）

横91.5、纵56、高57厘米

山西省太谷县三多堂博物馆藏

钱柜榆木擦漆，上开盖，正面有铜饰件，可以上锁，四面立墙下有柜托。全身光素，平时可当坐具使用，属多用途家具。民国时期较为流行。有一定的历史、艺术价值，定为国家馆藏一般文物。

256 榆木钱柜

民国（1911～1949年）

横66.5、纵44、高33厘米

山西省太谷县三多堂博物馆藏

钱柜榆木罩红漆，外形似坐凳，里侧镶板，面下有束腰，下有托腮，拱肩展腿式外翻回纹足，下饰托泥，实为箱底，面板一侧有合页，一侧面设一抽屉，此系商贩活动性钱柜。具有一定的历史、艺术价值，定为国家馆藏一般文物。

257 酸枝木穿衣镜

民国（1911～1949年）

横95.6、纵49.5、高191厘米

山西省太古县三多堂博物馆藏

衣镜插屏式，云纹底座，中间以横梁及披水牙连为一体，横枨正面饰洼面，牙板浮雕夔龙纹及“寿”字纹。屏框两内侧起槽，屏框就插在内槽里。屏框满雕拐子纹，内镶两个回纹框。上部镶玻璃心，下部浮雕方格锦纹地。浮雕炉瓶三式博古图。其造型特点属民国风格。有一定历史价值，定为国家馆藏一般文物。

258 柴木方胜式双层花台（一对）

民国（1911～1949年）

横58.3、纵39.5、高83厘米

山西省太古县三多堂博物馆藏

柴木制。花台方胜形，面下打洼束腰，浮雕绦环，下承托腮。牙条下另安拐子纹角牙。腿间加屉，回纹方马蹄，下带随形托泥。制作较粗糙，材质较差，属民国制品。具有一定的历史价值，每件定为国家馆藏一般文物。

259　酸枝木镜屏

民国（1911～1949年）

横98.7、纵36.5、高86.5厘米

山西省太古县三多堂博物馆藏

酸枝木制。瓶式立柱，两侧各饰一组云纹。正中装横梁，落堂踩鼓镶板。壶门式披水牙。屏框光素，饰混面单边线，正中镶玻璃镜。此种酸枝木颜色较浅，木质不硬，在酸枝木种群上，亦属下品。制作简单粗糙，具有一定的历史价值，定为国家馆藏一般文物。

编 后 记

《文物藏品定级标准图例·家具卷》在编辑过程中，得到了国家文物局各级领导的支持，得到了故宫博物院、文化部恭王府管理中心、中国文物信息咨询中心、山西省太古县三多堂博物馆、文物出版社、北京汉高古风文化发展有限公司等单位的大力帮助。

在编辑过程中，赵立业、华义武、刘静、孙学海、宗永吉等参加了此卷审稿会。

赵立业先生协助图片的审核和拍照工作。

在编辑室工作的王寅、张克义、王紫岩等，为此卷出版付出了劳动。

在此一并表示感谢！

编辑委员会

2009年1月